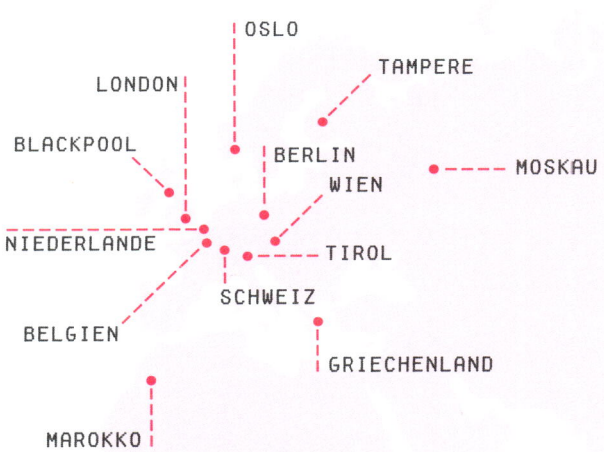

OSLO

TAMPERE

LONDON

BLACKPOOL

BERLIN

WIEN

MOSKAU

NIEDERLANDE

TIROL

SCHWEIZ

BELGIEN

GRIECHENLAND

MAROKKO

KAPSTADT

BARBARA PRAINSACK

. . . . . . . . . . . . . . . . . . . .

VOM WERT DES MENSCHEN

BARBARA PRAINSACK

\*\*\*\*\*\*\*\*\*\*\*\*\*\*\*\*\*\*\*\*\*\*\*\*\*\*\*\*

# VOM................
# WERT..............
# DES...............
# MENSCHEN.....

\*\*\*\*\*\*\*\*\*\*\*\*\*\*\*\*\*\*\*\*\*\*\*\*\*\*\*\*\*

WARUM WIR EIN BEDINGUNGSLOSES
GRUNDEINKOMMEN BRAUCHEN

\*\*\*\*\*\*\*\*\*\*\*\*\*\*\*\*\*\*\*\*\*\*\*\*\*\*\*\*\*

Brandstätter

# INHALT

GELD FÜR ALLE?
EIN LEBEN LANG?
EINFACH SO?

# WARUM EIN GRUNDEINKOMMEN – UND WARUM JETZT?

Das bedingungslose Grundeinkommen ist eine Schwester der Krise, ließe sich sagen. Immer, wenn es um die Zukunft der Menschheit schlecht bestellt ist, wenn im Schatten von Wirtschafts- und Finanzkrisen tausende Jobs verloren gehen, wenn Feuerstürme über ein Land hinwegfegen oder eine Pandemie die Welt in Atem hält, taucht dieser etwas sperrige Begriff auf. In Debatten in der Familie, in Internet-Foren, in den Medien und in der politischen Diskussion. Irgendwo zwischen Sehnsucht und Utopie angesiedelt, klingt dieses Wort wie ein Allheilmittel, versehen mit den dazu passenden plakativen Slogans: Geld für alle. Ein Leben lang. Einfach so.

Verbunden ist diese Forderung zumeist mit dem Wunsch, den unmittelbaren Druck nach einem Job-Verlust zu mildern, sich die Freiheit zu eröffnen, nicht bloß von einer Erwerbsarbeit abhängig zu sein, sondern sich auch den eigenen Interessen hinzugeben. Zudem ließe sich, so das Versprechen, die unmittelbare Not in Ländern mildern, die nicht über ein (noch relativ) dichtes Netz an Sozialleistungen verfügen, wie das etwa in Deutschland, Österreich oder der Schweiz der Fall ist.

Auch in diesen Ländern wurde während der Corona-Krise der Ruf nach einem bedingungslosen Grundeinkommen lauter. Schluss mit dem entwürdigenden Anstellen um Förderungen und Beihilfen, dem langen Warten auf finanzielle Unterstützung und dem Stigma, das mit Erwerbslosigkeit verbunden ist. Her mit einer Grundsicherung, die Menschen nicht nach bestimmten Parametern vermisst, sondern einfach allen gewährt wird. Es geht also nicht zuletzt um Gleichheit, Gerechtigkeit, ja, auch: Solidarität. Große, gewichtige Worte, die diesen Begriff mit einer Art Verheißung aufladen. Doch so einfach es klingen mag, jedem Menschen jeden Monat eine bestimmte Summe aufs Konto zu überweisen: Damit allein wäre es nicht getan. Auch davon wird dieses Buch handeln. Es wird um die Bedingungen gehen, die erfüllt sein müssen, damit ein solidarisches bedingungsloses Grundeinkommen seinen Zweck erfüllen kann. Wir werden Mythen entlarven und Vorurteile auflösen, die dieser Idee entgegengebracht werden. Und wir werden ein Anliegen in den Mittelpunkt rücken, dem wir uns alle widmen sollten, um auch in Zukunft eine funktionierende Gesellschaft zu garantieren: den Wert des Menschen.

Wenn es in politischen und wirtschaftlichen Debatten darum geht, wie man alle Aspekte unseres Lebens am besten vermisst, prognostiziert und bewertet, wird oft außer Acht gelassen, worum es tatsächlich geht: Die Frage danach, was uns wichtig ist. Und welchem Ziel all diese Quantifizierungen dienen. Wenn wir hören, dass der demographische Wandel unsere Pensions- und Sozialsysteme gefährdet, wird der Blick darauf verstellt, dass viele ältere Menschen wertvolle Arbeit leisten – auch wenn sie keiner Erwerbsarbeit (mehr) nachgehen: Sie kümmern sich um ihre Enkel, pflegen ihre erkrankten Ehepartner oder sind in gemeinnützigen Vereinen tätig.

Und wenn wir lesen, dass uns Roboter bald schon die Arbeit wegnehmen, dass die voranschreitende, unaufhaltsame Digitalisierung und Automatisierung in den nächsten Jahren über ein Drittel aller heute existierenden Jobs in der industrialisierten Welt verschwinden lassen werden, dann sollten wir angesichts dieser „vierten industriellen Revolution" nicht in Angststarre verfallen. Vielmehr sollten wir die tieferen Ursachen für diese Entwicklung fokussieren und uns fragen: Wie sind wir in dieses Schlamassel eigentlich hineingeraten?

## EXTREMER REICHTUM, ENORME ARMUT

Wir haben in der Tat ein Problem – aber schuld daran sind nicht die Roboter. Eine viel bedeutendere Ursache ist die Unfähigkeit der Politik der letzten Jahrzehnte sicherzustellen, dass Menschen von ihrer Arbeit tatsächlich leben können – und jene, die keiner Erwerbsarbeit nachgehen, ein würdiges Auskommen haben. Löhne stagnieren, immer mehr Menschen sind atypisch oder prekär beschäftigt, selbst unter den sogenannten Systemerhaltern. Viele Rentner leben in Armut, eine Familie lässt sich selbst mit zwei Einkommen oft nicht mehr erhalten, während eine kleine Minderheit immer mehr Vermögen akkumulieren kann. Die wachsende Ungleichverteilung der gesellschaftlichen Ressourcen, das Nebeneinander von extremem Reichtum und enormer Armut, ein Phänomen, das lange Zeit mit einem verächtlichen Naserümpfen Autokratien und Feudal-Staaten außerhalb der sogenannten westlichen

Welt zugeschrieben wurde, ist zunehmend ein Kennzeichen unserer Gesellschaften.

Die massiven Einkommensverluste und den rasanten Anstieg der Arbeitslosigkeit, die die Corona-Krise mit sich gebracht hat, hat diese Prozesse beschleunigt und damit sichtbar gemacht. Und die Dringlichkeit der Frage weiter zugespitzt: Warum lassen wir es zu, dass in reichen Ländern wie Deutschland, Österreich und der Schweiz Menschen um ihren Lebensunterhalt fürchten müssen? Wenn Corona und Lockdown eines gezeigt haben, dann das: Es kann jeden treffen – völlig unverschuldet. Und selbst wenn die wirtschaftlichen und politischen Folgen der Pandemie überwunden sein sollten, ist eines gewiss: Dieses Problem verschwindet nicht von allein.

Die COVID-19-Krise hat uns die Verwundbarkeit von Gesellschaften deutlich vor Augen geführt. Rekordarbeitslosigkeit und Kurzarbeit haben erstmals ein breiteres Verständnis dafür geschaffen, wie weit die Schere zwischen gesellschaftlicher Bedeutung einer Tätigkeit und deren finanzieller Anerkennung auseinanderklafft.

## WAS IST DAS PROBLEM?

Während der Ausgangsbeschränkungen im Frühjahr 2020 wurde die Versorgung der Bevölkerung in vielen Ländern von Krankenpflegepersonal, Supermarktangestellten und anderen Menschen mit niedrigen Einkommen aufrechterhalten, während viele der Besserverdienenden von zu Hause aus in relativem Komfort arbeiteten – oder sich auf ihren Zweitwohnsitz am Land zurückzogen. Und noch eine Erkenntnis: Wenn vor COVID die Mittelschicht hierzulande Arbeitslosigkeit als etwas sah, das

„die anderen" betrifft – die schlecht Ausgebildeten oder die vermeintlich Faulen –, wurde sie während und nach der Krise eines Besseren belehrt.

Kann ein bedingungsloses Grundeinkommen diese Probleme lösen? Und: können wir es uns überhaupt leisten? Auf all diese Fragen wird dieses Buch eine Antwort geben – auch wenn die Antworten oft nicht ein einfaches „Ja" oder „Nein" sein werden. Wir werden einen Blick auf die Geschichte dieser Idee werfen und sehen, wie sich die jeweiligen Modelle mit den unterschiedlichen Vorstellungen einer idealen Gesellschaft gewandelt haben. Wir werden lernen, dass bedingungsloses Geld nicht faul macht – und warum sich diese Vorstellung trotzdem so hartnäckig hält. Es werden Menschen zu Wort kommen, die dafür eintreten, dass die Grundbedürfnisse der Menschen auch mit kostenlosen Sach- und Dienstleistungen befriedigt werden. Wir werden andere Vorschläge hören, die aktuell als Alternativen zum bedingungslosen Grundeinkommen diskutiert werden – wie eine staatliche Job-Garantie. Und ich werde versuchen, Sie zu überzeugen, dass diese Ansätze ohne ein bedingungsloses Grundeinkommen die falsche Lösung für das richtige Problem sind.

Natürlich ist die Schaffung einer Gesellschaft, in der der Lebensunterhalt für alle gesichert und Ungerechtigkeit gemildert wird, eine Aufgabe, die nicht allein durch eine monatliche Zahlung an alle Bürger gelöst werden kann (obwohl eine solche zu einer Gesamtlösung dazugehört). Ein solches Projekt berührt nahezu alle Bereiche unseres Lebens: unser Wirtschaftssystem, Fragen der politischen und sozialen Teilhabe, unseren Arbeitsbegriff und unser Menschenbild. Es handelt sich also nicht bloß um eine politische und ökonomische, sondern um eine moralische Frage.

Dieses Buch ist nicht ein Plädoyer für das Grundeinkommen. Es versucht vielmehr, die Weltbilder, Werte und Argumente zu beleuchten, die hinter den einzelnen Positionen und Vorschlägen stehen – und zu zeigen, dass ein Grundeinkommen die gesamte Gesellschaft verändern kann.

. . . . .

# KAPITEL 1

# VON SARAH, MÄNNERN UND VÖGELN

## WIE BEMISST SICH DER WERT DES MENSCHEN?

Sarah ist Anfang zwanzig, wohnt noch bei ihren Eltern – und das gerne. Sie ist in Berlin im Bezirk Tiergarten aufgewachsen und möchte bis zum Ende ihres Studiums bleiben. Obwohl sie sich ein Zimmer in einer Wohngemeinschaft oder sogar eine kleine Unterkunft in einem günstigeren Stadtteil leisten könnte, gibt sie das Geld, das sie sich so spart, fürs Ausgehen oder für Urlaube mit ihren zwei besten Freundinnen aus. Jeden Sommer reisen sie gemeinsam für drei Wochen in ein anderes europäisches Land. Sie fahren immer mit dem Zug. Sarah und ihre Freundinnen halten die Klimakatastrophe für eine der wichtigsten politischen Herausforderungen der Gegenwart. Also leisten auch sie ihren Beitrag: Sie fliegen nicht, essen kein Fleisch und verwenden kein Einwegplastik. Sie gehen regelmäßig auf Klima-Demonstrationen und verbringen an den langen Abenden am Wochenende, wenn sie gemeinsam ausgehen, viel Zeit damit, andere junge Menschen von der Dringlichkeit des Problems der Erderwärmung zu überzeugen. „Wir haben keine Wahl", sagt Sarah, „die Uhr tickt."

Sarahs Eltern empfinden genauso. Sie waren schon immer im Herzen Grüne, auch wenn sie immer wieder sozialdemokratisch gewählt haben. In ihrer Jugend haben sie gegen Atomkraft demonstriert, ihre Sorgen angesichts des Waldsterbens waren groß. Obwohl beide Karriere gemacht haben und heute gut situiert sind – Sarahs Mutter ist Direktorin eines Gymnasiums, ihr Vater Rechtsanwalt –, haben sie kein eigenes Auto, sondern sind Mitglied eines Carsharing-Klubs. Sie essen höchstens ein Mal pro Woche Fleisch, auch vor der Corona-Krise waren Fernreisen die Ausnahme: „Sarah macht uns die Hölle heiß, wenn wir fliegen", erklärt ihre Mutter. „Vom Engagement und der Leidenschaft der Jungen können wir noch was lernen."

Nur ein einziges Thema führt immer wieder zu Konflikten: Sarah unterstützt seit Kurzem einen Verein, der sich für ein bedingungsloses Grundeinkommen einsetzt. Eigentlich macht er sogar mehr: Der Verein zahlt sogar ein Grundeinkommen aus. Finanziert wird das über Spenden, und jedes Mal, wenn 12.000 Euro zusammengekommen sind, wird eine Person per Los ausgewählt, der ein Jahr lang monatlich 1.000 Euro aufs Konto überwiesen wird. Bisher haben über 400 Menschen davon profitiert. Gleichzeitig erhebt der Verein, wie sich das regelmäßige Fixum auf das Leben der Begünstigten auswirkt.

Sarah wurde auf den Verein „Mein Grundeinkommen" über eine Studienkollegin aufmerksam, mit der sie eine Seminararbeit über Strategien zur Verringerung des $CO_2$-Ausstoßes in urbanen Ballungsräumen verfasst hat. Ihre Kommilitonin war davon überzeugt, dass ein Grundeinkommen dabei helfen könnte, die Folgen des Klimawandels abzumildern. „Zuerst hab ich es für eine abstruse Idee gehalten", sagt Sarah, „aber eigentlich ist es total logisch. Wenn alle, die jetzt mit dem Auto in die Stadt zur Arbeit fahren, nicht mehr unterwegs sind, dann bringt das schon was." Zudem gebe es mittlerweile Studien, die nachweisen, dass eine verkürzte Wochenarbeitszeit zu einem reduzierten $CO_2$-Austoß führt. Gleichzeitig würde ein Grundeinkommen unnötigen Konsum drosseln und so ebenfalls dem Klimaschutz dienen, meint Sarah. Und das nicht nur, weil jene, die ausschließlich vom Grundeinkommen leben und kein zusätzliches Einkommen haben, weniger Geld für Konsumgüter übrighätten, sondern „weil sich Leute, die in der Arbeit frustriert sind, oft mit Konsum belohnen", sagt sie.

Sarahs Eltern können ihr Engagement zwar bis zu einem gewissen Grad nachvollziehen – ein bedingungsloses Grundeinkommen halten sie dennoch für falsch. „Die Nachteile überwiegen die Vorteile", sagt der Vater. Für ihn würde dieses Konzept nichts weniger als die Aushöhlung des Sozialstaats bedeuten.

„Jahrzehntelang wurde für Arbeitnehmerrechte gekämpft. Und jetzt wollen wir die Arbeit abschaffen. Das macht keinen Sinn."

Diese Ansicht teilt Sarahs Vater mit einem großen Teil der Sozialdemokratie. „Deutschland ist und bleibt eine Arbeitsgesellschaft", heißt es in einem Konzept des SPD-Parteivorstandes, in dem Reformvorschläge für einen „Sozialstaat für eine neue Zeit" versammelt sind. Der technologische Wandel werde die menschliche Arbeitskraft nicht verschwinden lassen, sondern nur verändern. Folglich werde es immer wichtiger, auf einem „Recht auf Arbeit" zu bestehen, heißt es in dem Papier aus dem Jahr 2019. „Das bedeutet, dass sich die Solidargemeinschaft dazu verpflichtet, sich um jeden Einzelnen zu kümmern und Jedem Arbeit und Teilhabe zu ermöglichen – statt sich durch ein bedingungsloses Grundeinkommen von dieser Verantwortung freizukaufen."

Allerdings teilen nicht alle in der SPD diesen Standpunkt. Es sei falsch, Arbeit mit Lohn- und Erwerbsarbeit gleichzusetzen, sagen die Kritiker des Konzepts.[1] Außerdem bestehe kein Widerspruch zwischen bezahlter Arbeit und dem Grundeinkommen; es wäre zu erwarten – und sogar wünschenswert –, dass Menschen auch mit Grundeinkommen weiterhin einer Erwerbsarbeit nachgehen, wenn sie dafür gerecht bezahlt werden. Es gehe dabei nicht darum, die Arbeit abzuschaffen, sondern jene, die schlecht bezahlte oder unentgeltliche Tätigkeiten verrichten, besser abzusichern. Der Wert des Menschen dürfe nicht von seinem Einkommen abhängen.

Um Argumenten wie diesen mehr Gehör zu verleihen, veröffentlichte das Forum Demokratische Linke – eine Gruppierung innerhalb der SPD – ein Dokument, das als Gegenentwurf zur offiziellen Position der Partei verstanden werden kann. Es fordert die schrittweise Einführung eines bedingungslosen Grundeinkommens, und das im Sinne einer solidarischen Basissicherung.[2]

Einen wichtigen Schritt am Weg zu diesem Ziel stellt die Einführung einer Kindergrundsicherung dar, so die Autoren. Diese sollte in der Höhe des verfassungsrechtlichen Existenzminimums von 619 Euro ausgezahlt werden, und zwar ohne Vorbedingungen. „Damit endlich jene die meiste Unterstützung bekommen, die am wenigsten haben."[3]

Auch innerhalb der österreichischen Sozialdemokratie wird über das brisante Thema diskutiert. Viele sind dagegen, viele dafür, offizielle Positionspapiere fehlen weitgehend. Vielleicht auch deshalb, weil die österreichische Bevölkerung nicht gerade für das Thema zu brennen scheint: Nicht einmal während der Corona-Krise, als die Arbeitslosigkeit auf Rekordniveau lag, sprach sich eine Mehrheit in der Bevölkerung für ein Grundeinkommen aus. In einer repräsentativen Umfrage der Universität Wien im Frühling 2020 waren etwa gleich viele Befragte dafür wie dagegen und ein knappes Fünftel hatte keine konkrete Meinung oder verweigerte die Antwort.[4]

Aber nicht nur in Österreich, in ganz Europa scheint sich die Partei, die den Begriff „Sozial" im Namen trägt, mit dem G-Wort schwerzutun scheint. Die Schweizer Sozialdemokratische Partei hatte auf das Scheitern der Volksabstimmung zur Einführung eines Grundeinkommens im Jahr 2016 gar mit unverhohlener Erleichterung reagiert: Das Ergebnis sei ein „Vertrauensbeweis für unseren Sozialstaat" und ein „Auftrag, Löhne und Arbeitsbedingungen weiter zu verbessern", hieß es auf der Website der Partei.[5]

Schon vor der Volksabstimmung hatten die eidgenössischen Sozialdemokraten den Bürgern geraten, mit „Nein" zu stimmen. Und das nicht nur, weil es ihrer Meinung nach unklar sei, wie es finanziert werden solle. Wenn das Grundeinkommen nicht zum Leben ausreicht, so hielten sie den Befürwortern vor, wären jene, die zuvor durch Sozial- und Versicherungsleistungen einigermaßen abgesichert waren, auf ein zusätzliches Einkommen angewiesen. Und das steigende Angebot an Arbeitskraft würde zwangsläufig die Löhne drücken. Aber auch für jene, die neben dieser Grundsicherung keiner Erwerbsarbeit nachgehen müssten, wäre das keine Lösung: Menschen, die nicht arbeiten, würden depressiv werden und vereinsamen, argumentierten die Gegner.[6] Genau so sieht es auch Sarahs Mutter: Diese Idee, sagt sie, produziere noch mehr soziale Verlierer – und untergrabe das höchste Gut in einem Sozialstaat: die Würde des Menschen.

## WAS IST DER MENSCH WERT?

Eigenartig: Sowohl Gegner als auch Befürworter einer bedingungslosen Grundsicherung argumentieren mit der Menschenwürde. Wer hat Recht? Und was ist das eigentlich: Menschenwürde? Ein kurzer Ausflug in die Ideengeschichte zeigt, wie Philosophen und Ökonomen in unterschiedlichen Epochen den Wert des Menschen definiert haben und was wir daraus für die aktuelle Debatte lernen können.

Wenn wir einen Blick auf die Geschichte des Begriffs der Menschenwürde werfen, fällt vor allem auf, dass er in den politischen und gesellschaftlichen Debatten ziemlich spät aufgetaucht ist. Erst mit seiner Kodifizierung nach dem Zweiten Weltkrieg ist er in den allgemeinen Sprachgebrauch eingegangen. Das ist insofern bemerkenswert, als Fragen nach dem Wert und der Würde des Menschen Philosophie und Politik seit jeher beschäftigt haben. Ein Beispiel aus jener Zeit, in der die europäische Ideengeschichte für gewöhnlich ihren Anfang nimmt, der griechischen Antike: Der Philosoph Platon beurteilte den Wert des Menschen nach seiner Vernunft und moralischen Stärke. Diese Eigenschaften waren für ihn eng miteinander verknüpft: Die Vernunft mache moralisches, tugendhaftes Verhalten erst möglich. Und es sei unmöglich, ein guter Mensch zu sein, wenn die Vernunft nicht genutzt werde. Platon spricht von einer „Vernunftseele", die in jedem angelegt sei. Männer befanden sich in der Vernunft-Hierarchie übrigens ganz oben, weil sie, so Platon, den größten Intellekt besaßen. Allerdings konnten sie ihre Stellung an der Spitze der Rangordnung der Geschöpfe auch verlieren, wenn sie ihre geistigen Fähigkeiten nicht ausschöpften. Ein Mann, der kein geistig aktives, tugendhaftes Leben führt, laufe Gefahr, zu einem niedrigen Lebewesen zu verkommen – zum Beispiel zu einer Frau oder einem Vogel. In seinem Werk *Timaios*, in dem Platon ein fiktives Gespräch zwischen seinem Lehrer Sokrates und einigen Gelehrten wiedergibt, entwirft er eine Art Anti-Evolutionstheorie: Die Entwicklung verlaufe nicht vom Einzeller über Tiere bis hin zum Menschen, sondern umgekehrt: Niedere Lebewesen stammen von Menschen – und genau genommen: von Männern – ab. So seien Vögel aus schwachen und einfältigen Männern entstanden, indem ihre Haare zu Federn wurden, und

*die Landtiere entstanden aus denen, die gar keine Liebe zur Wissenschaft hatten und nie über die Natur des Weltalls Beobachtungen anstellten, weil sie nicht von den Umläufen in ihrem Haupte Gebrauch machten, sondern den in der Brust wohnenden Teilen der Seele als Führern folgten.*

Platons Schüler Aristoteles hingegen sah den Menschen – genau genommen: den freien Mann – als Zoon politikon, also Gemeinschaftswesen (wörtlich: als Lebewesen in der Polis-Gemeinschaft). Für Aristoteles braucht der Mensch, um sich entwickeln zu können, andere Menschen um sich herum sowie ein geordnetes

Gemeinwesen. Letzteres wiederum erfordert soziale Normen, um Bestand zu haben. Menschen benötigen also nicht nur Regeln von außen, sondern sie haben auch einen inneren Antrieb, andere zu unterstützen. Der tugendhafte Mensch, so Aristoteles, sei nicht nur bereit, seine Freunde zu unterstützen, sondern er behandle sie wie ein zweites Ich, das er vor Unglück zu bewahren suche, wie sich selbst.[7]

Und genau diese Verbindung zu anderen Menschen sei es, die den Wert des Menschen begründet: Wie für Platon ist er auch für Aristoteles nicht bloß deshalb wertvoll, weil er ein Mensch ist. Sein Wert ergibt sich aus zwei Faktoren: Der erste ist seine Rolle in der Polis, also in der Gemeinschaft.[8] Ein Mensch, der nicht in der Gemeinschaft lebt, kann seinen vollen Wert nicht entfalten.[9] Der zweite Faktor ist – siehe Platon – sein Intellekt: Die Kraft des menschliche Geistes ist es, die Menschen von anderen Tieren unterscheidet und die soziales und politisches Leben möglich macht. Und obwohl Aristoteles Menschen mit niedrigem Intellekt nicht damit droht, sich gleich in einen Vogel zu verwandeln, verdienen auch für ihn die, die stärkeren Geistes sind, die Bewunderung jener, deren geistige Kapazitäten weniger stark ausgeprägt sind. Aristoteles begründete also nichts weniger als eine Theorie der Überlegenheit geistiger Eliten.

Tatsächlich aber stand hinter diesen Gedanken immer die Frage, welche Eigenschaften Menschen haben müssten, um sich in eine Gemeinschaft einfügen zu können. Kriege und Konflikte gehörten in der Antike zum Alltag, und viele Philosophen sahen es als Teil ihrer Aufgabe, eine Theorie eines guten Lebens auszuformulieren, die ein harmonisches Zusammenleben fördern würde. (Platons Zeitgenosse Diogenes sah das bekanntlich anders. Er lebte in einem Fass, schwor allen materiellen Gütern ab und hielt Einsamkeit für den Schlüssel zu Glück und Weisheit.)

## VON DER IDEE ZUM GESELLSCHAFTSVERTRAG

Die Herausforderung eine Gesellschaft zu organisieren, dass sie in Ordnung und Frieden zu leben vermag, rückte erneut im Europa des 17. Jahrhunderts ins Zentrum der politischen Lehren. Die sogenannten Gesellschaftsvertragstheorien beschäftigen sich mit der Frage, wie man es rechtfertigen könne, die menschliche Freiheit zu beschneiden, um staatliche Macht zu begründen. Was auf den ersten Blick paradox klingt, war nichts anderes als der Versuch, das Tier im Menschen einzuhegen.

Denker wie Thomas Hobbes, John Locke und Jean-Jacques Rousseau entwickelten Theorien, in denen von einem Naturzustand ausgegangen wurde, in dem Menschen ihre „natürliche" Freiheit hatten: In dieser relativen Gesetzlosigkeit ist der Einzelne nur durch die Grenzen seines eigenen Körpers und seines Geistes beschränkt. Wenn nun alle anderen gleich frei sind, gilt nichts weniger als das Recht des Stärkeren. Ohne Normen, die verbieten, sich die Behausungen, Kleider und Werkzeuge des Nachbarn anzueignen, ohne Gesetze, die Gewalt, Vergewaltigung oder Mord ahnden, würden wir uns ständig unzähligen Gefahren ausgesetzt sehen – obwohl wir nominell frei wären. „Der Mensch ist des Menschen Wolf", fasste Thomas Hobbes (1588–1676) dieses scheinbare Paradox zusammen. Und genau deshalb, so der englische Staatstheoretiker, brauche es staatliche Herrschaft, die Gesetze erlässt und sie gegenüber den Bürgern durchzusetzen vermag.

Auch wenn nicht alle politischen Denker diese negative Sicht der menschlichen Natur teilten – Hobbes' Landsmann Thomas Locke (1663–1704) hatte ein viel positiveres Menschenbild –, beschäftigte sie alle die Frage, was genau staatliche Herrschaft ausmacht und wie man sie rechtfertigen kann. Aus heutiger Sicht scheint es eigenartig, dass man so etwas überhaupt begründen muss – wir alle wachsen damit auf, dass es Gesetze gibt, an die wir uns halten müssen. Die Frage, warum die Legitimierung von Macht so wichtig war, wird nur dann verständlich, wenn wir uns vor Augen halten, dass diese davor vor allem von Gott abgeleitet wurde.

Thomas Hobbes war der erste Staatstheoretiker der westlichen Welt, der die Gesellschaftsordnung nicht mehr aufgrund göttlicher Ordnung legitimierte, in der jeder Mensch jenen Platz einzunehmen hatte, den ihm der Schöpfer zuwies. Doch was, wenn da keine göttliche Autorität wäre, die Einschnitte in die menschliche Freiheit rechtfertigt? Wen oder was legitimiert dann Macht? Schlicht die Erkenntnis, dass ein Beschneiden der natürlichen Freiheit zum Schutz aller Menschen notwendig ist. Der Herrscher oder der Staat muss so mächtig sein, dass er dem Krieg aller gegen alle ein Ende setzen kann – auch um den Preis der individuellen Freiheit. Gewissermaßen der Lohn dafür sei die bürgerliche Freiheit. So formulierte es Jean-Jacques Rousseau. Und diese mache den Menschen faktisch viel freier, weil er so nicht ständig fürchten müsse, bestohlen oder gar ermordet zu werden. Thomas Hobbes formte das Bild vom Staat als „Leviathan", eines quasi notwendigen Monsters, dessen Existenz den Schutz der Untertanen garantieren solle.

Dieser Ausflug in die europäische Ideengeschichte zeigt dreierlei: Erstens, dass der Wert des Menschen über lange Zeit immer im Zusammenhang mit Gemeinschaft gedacht wurde. Zweitens sehen wir, dass politische Herrschaft dem Schutz des Menschen in der Gemeinschaft – und zugleich auch vor der Gemeinschaft – dienen sollte. Selbst absolute Herrscher, die an keine Gesetze gebunden waren und damit mit ihren Untertanen verfahren konnten, wie sie wollten, waren zumindest für viele der

großen politischen Denker jener Zeit eine bessere Lösung, als
die Menschen in ihrer natürlichen Freiheit zu belassen. Thomas
Hobbes ging sogar davon aus, dass nur ein Herrscher mit unbe-
schränkten Machtbefugnissen den Krieg aller gegen alle wirksam
vermeiden konnte (auch wenn wir heute wissen, dass absolutisti-
sche Herrscher ihre Macht nicht nur zum Schutz des Gemeinwe-
sens einsetzen).

Die dritte Einsicht ist, dass der Wert des Menschen von
vielen Denkern von seiner geistigen Stärke abgeleitet wurde. Der
menschliche (genau genommen: der männliche) Intellekt und die
menschliche Vernunft waren jene Eigenschaften, die Tugend und
damit geordnetes und friedliches menschliches Zusammenleben
erst möglich machten. Und nachdem der Mensch als Gemeinschaftswesen gesehen wurde, entfaltete sich aus diesen Eigenschaften erst sein Wert.

Es gibt aber auch Ansätze, die den menschlichen Geist nicht
als bestimmend für den Wert des Menschen sahen oder sehen. In
der neueren Theorie zählen dazu etwa Konzepte, die aus der femi-
nistischen Philosophie und aus der Tradition der „Care-Ethik"
kommen. Das englische Wort „care" wird häufig mit „Pflege"
oder auch „Sorge" übersetzt, obwohl keiner dieser beiden Begriffe
der Grundidee der Care-Ethik ganz gerecht werden. Schließlich
umfasst sie einen viel größeren Bereich menschlichen Handelns.
Der Begriff leitet sich von der Arbeit feministischer Theoretike-
rinnen wie der amerikanischen Psychologin Carol Gilligan ab,
die die Bedeutung von Beziehungen und Abhängigkeiten nicht
als Hemmschuh psychologischer Entwicklung und persönlicher
Autonomie sieht, sondern als Bedingung dafür.[10] Gleichzeitig
kritisieren sie dominante Sichtweisen, etwa in der Entwicklungs-
psychologie, die „Individualisierung" im Sinne einer völligen
Loslösung des eigenen Ich von den anderen als Ideal sehen. Enge

Beziehungen zu anderen Menschen werden als Bedrohung für Werte wie Unabhängigkeit und Freiheit erachtet.

Mit diesem Verständnis, den idealen Menschen als unabhängig von seiner sozialen und natürlichen Umwelt zu sehen, können Care-Ethiker nur wenig anfangen. Es widerspreche nicht nur den Lebenswelten der meisten Menschen, sondern sei sogar gefährlich. Schließlich liege in unserer Natur, sowohl Unterstützung von anderen zu benötigen als auch Unterstützung zu gewähren.[11] Unsere Beziehungen zu anderen würden unsere Autonomie und Freiheit nicht einschränken, sondern diese erst gewährleisten. Eine Erkenntnis, die unter dem Schlagwort „relationale Autonomie" oder „Autonomie durch Beziehungen" zusammengefasst wird.[12] Sie beschreibt, dass die Verbindungen zu unseren Umwelten, der menschlichen, natürlichen, aber auch der künstlichen mitbestimmen, wer wir sind, sie formen gleichermaßen unsere Interessen und Entscheidungen. Kurzum: Es gibt kein Ich ohne die Welt, die uns umgibt.

Nun könnte es so scheinen, also ob die Position der Care-Ethik und der relationalen Autonomie große Ähnlichkeiten mit dem platonischen und aristotelischen Weltbild aufweist. Auch die beiden griechischen Denker sahen die Menschen als Gemeinschaftswesen. Dennoch gibt es einen wichtigen Unterschied: Die Care-Ethik und die Philosophie der relationalen Autonomie machen den Wert des Menschen nicht an der Vernunft fest, allein schon, weil Menschen in Beziehungen eingebettet sind, sind sie wertvoll und verdienen Respekt.

Eine Position, die natürlich Kritiker auf den Plan ruft. Die Care-Ethik idealisiere Stereotype von Weiblichkeit, heißt es. Sie laufe sogar Gefahr, eine Rechtfertigung dafür zu bieten, dass man Frauen die undankbare und oft un(ter)bezahlte Pflege- und Reproduktionsarbeit aufhalse. Frei nach dem Motto: Wenn

Menschen erst durch ihre Beziehungen autonom werden, dann ist es ja toll, wenn man sein Leben der Beziehungs- und Pflegearbeit widmen kann. Ich glaube, dass dieser Einwand den tatsächlichen Wert der Care-Ethik verkennt. Schließlich behauptet sie ja nicht, dass der Wert jener Menschen höher sei, die mehr oder tiefere oder bessere Beziehungen haben als andere, oder dass es besser sei, mehr Zeit der Beziehungspflege zu widmen. Sie macht bloß den Wert eines Menschen nicht allein an seiner Vernunft fest und sieht den menschlichen Verstand nicht als Bedingung für tugendhaftes Verhalten. Eine Welt, in der Menschen als Beziehungs- und nicht als Mängelwesen wahrgenommen werden, ist mir lieber als eine, in der die Starken und Unabhängigen als Ideal gelten.

## DER WERT DES WIRTSCHAFTENS

Dabei darf natürlich ein Aspekt des Zusammenlebens nicht ausgeblendet werden: die Wirtschaft. Der „Oikos", also die Hauswirtschaft, war bereits im alten Griechenland ein wichtiger Teil des menschlichen Schaffens und somit des Lebens. Etwas verkürzt lässt sich sagen: Überall dort, wo Menschen zusammenkommen, gibt es auch ein Wirtschaftssystem. Allerdings gibt es historisch und geographisch enorme Unterschiede, wie dieses Wirtschaftssystem organisiert ist. Diese Unterschiede wiederum sagen einiges über das ideale Leben, den Wert der Arbeit und letztendlich den Wert des Menschen selbst aus.

Von Bedeutung ist in diesem Zusammenhang die Arbeit des Wiener Historikers und Ökonomen Karl Polanyi, die heute eine Renaissance erlebt, nachdem sie jahrzehntelang selbst in akademischen Zirkeln ein Schattendasein fristete. Warum der 1964 im kanadischen Exil verstorbene Wissenschaftler heute so beliebt ist, erhellt sich rasch angesichts der Hauptthese seines wohl wichtigsten, im Jahr 1944 publizierten Buches: Obwohl es Märkte – also Räume für den Tausch und den Verkauf von Waren – immer schon gab, fand im 19. Jahrhundert, so Polanyi, eine „große Transformation" statt: Die vielen lokalen und regionalen Märkte wuchsen zu einem großen System zusammen, das sich selbst zu regulieren begann. Märkte wurden immer mächtiger, und schrittweise wurden auch jene Dinge, die zuvor frei zugänglich waren und allen gehörten, wie Arbeit, Geld und Natur, in Marktgüter verwandelt – oft mit der Kraft des Gesetzes und manchmal auch mit Gewalt. Während der Markt zuvor ein Teil der Gesellschaft war, begann er sich nun davon loszulösen und zu einem eigenen Sektor zu werden, der eigenen Gesetzen gehorchte. Irgendwann regierte nicht mehr die Gesellschaft die Marktwirtschaft, sondern die Wirtschaft begann unser aller Leben zu dominieren. Dieser Prozess ist so weit fortgeschritten, dass man sich heute eine Welt ohne den Primat der Ökonomie nicht mehr vorstellen kann. Gleichzeitig schafft die Politik Gesetze, die eine Ausweitung der Märkte forcieren statt sie einzudämmen.[13] Das Resultat sind Gesellschaften, in denen soziale und ökonomische Ungleichheiten weiterwachsen.

Kein Wunder, dass sich heute jene, die davon überzeugt sind, ökonomisches Denken habe längst zu viel Einfluss, auf die Schriften Polanyis berufen. Wobei sich der Wirtschaftsforscher nicht per se gegen Märkte aussprach, sondern gegen diese fatale Entwicklung. Für uns ist in diesem Zusammenhang vor allem bedeutsam, wie sich diese „große Transformation" aller Güter in Marktgüter auf den Wert des Menschen auswirkt.

Eine Antwort liefert der Soziologe und Ökonom Claus Thomasberger. Ihm zufolge hatte die Ausweitung des Marktes eine Ausdünnung persönlicher Beziehungen zur Folge: Menschen interagierten nicht mehr direkt miteinander, stattdessen vermittelten zwischen ihnen die Institutionen des Marktsystems. Wenn man früher etwa ein Hotel für den Sommerurlaub gesucht hat, hat man das Telefonbuch oder einen Prospekt zur Hand genommen und die Angebote durchtelefoniert. Oder man ist in ein Reisebüro gegangen. Heute jedoch loggt man sich auf Airbnb oder einer anderen Plattform ein, die einem zwar das Gefühl des direkten Austauschs mit den Vermietern suggeriert – siehe die fröhlichen Gesichter auf dem Familienfoto am Couchtisch –, tatsächlich aber jeden direkten persönlichen Kontakt ersetzt. „Wo Angebot und Nachfrage herrschen", schreibt Thomasberger, „werden freie und verantwortliche menschliche Entscheidungen unmöglich, denn der Einzelne verfügt nicht über die Übersicht, die notwendig wäre, um die Konsequenzen seiner Handlungen für andere abzuschätzen."

Natürlich stieß Polanyis Buch auch auf Kritik. Er sehe nur die negativen Effekte des Marktes, wurde ihm vorgeworfen, zudem sei er völlig blind für die positiven Entwicklungen, die die Öffnung nationaler Ökonomien und die Globalisierung von Handelsbeziehungen mit sich gebracht habe. Und natürlich könnte man einwenden, dass mit der Öffnung der Märkte auch eine politische Öffnung einher ging. Dennoch ist Polanyis Warnung, Märkte nicht als „naturgegebene", der politischen Steuerung entzogene Akteure zu sehen, heute aktueller denn je. In einer Gesellschaft, in der der Markt – also Angebot und Nachfrage – den Wert fast aller Güter bestimmt, ist auch der Wert des Menschen indirekt davon abhängig. Ganz unmittelbar betrifft das den Wert der Arbeit – dieser ist in einer marktdominierten Gesellschaft natürlich davon abhängig, was jemand am Arbeitsmarkt für meine Zeit und meine Fähigkeiten bereit ist, zu bezahlen. Jene, die mehr Güter mit hohem Marktwert haben, und jene, die die Instrumente des

Marktes besser beherrschen, sind eklatant im Vorteil. Und dabei geht es nicht nur um formale Bildung wie einen Lehr- oder Hochschulabschluss. Wer etwa digitale Skills besitzt, kann Online-Plattformen besser nutzen, bessere Angebote finden und sich und seine Güter auch besser vermarkten, und das im eigentlichen Sinne des Wortes. Wer sich virtuell brillant in Szene zu setzen vermag, findet auf Social Media mehr Anhänger und folglich mehr Gehör als dessen zurückhaltender – und vielleicht nicht so eitler – Freund.

Ganz am Ende dieser Entwicklung steht jedoch ein entscheidender Aspekt: Wenn alle akzeptieren, dass der Wert aller Güter von Angebot und Nachfrage bestimmt werden soll, gilt das auch für jene Güter, die Menschen zur Existenzsicherung benötigen: Wohnung, Nahrung, Bildung, Gesundheitsversorgung. Also jene Dinge, die vielerorts über lange Zeit nicht am freien Markt gekauft werden mussten, sondern zumindest in Europa seit Jahrzehnten vom Staat kostenlos oder kostengünstig und reguliert zur Verfügung gestellt wurden. Viele von ihnen wurden nun ebenfalls zu Leistungen, die man am freien Markt zum jeweils üblichen Preis erwerben muss. (Wie die Befürworter eines bedingungslosen Grundeinkommens mit diesem Problem umgehen, sehen wir im nächsten Kapitel.)


## LEISTUNG MUSS SICH LOHNEN

Szenewechsel. Wir kehren in die Gegenwart zurück und besuchen Agnes. Sie wohnt mitten in Berlin, nur ein paar Straßen von ihrer ehemaligen Schulkollegin Sarah, der Grundeinkommensanhängerin, entfernt. Auch Agnes macht sich Sorgen, vor allem wegen des Klimawandels, „aber ich bin nicht so hysterisch wie Sarah und ihre Clique", sagt die 21-Jährige. Agnes engagiert sich bei der

Jungen Union, der Jugendorganisation der CDU in Deutschland. Sie studiert Jura und geht in ihrer Freizeit gerne tanzen. Auch sie versucht Flugreisen möglichst zu vermeiden, aber auch hier setzt sie auf Mäßigung statt radikaler Lösungen. „Es kommt drauf an, dass man in vielen Bereichen kleine Änderungen macht." Agnes arbeitet sehr hart für ihr Studium und möchte sich dafür am Wochenende und in der vorlesungsfreien Zeit auch belohnen: Sie geht gern auf Parties oder mit Freundinnen shoppen. „Ich leiste viel, und ich gönne mir auch was", erklärt die Studentin, „in Maßen."

Beim Grundeinkommen ist Agnes voll auf Linie der CDU. Ein bedingungsloses Grundeinkommen, so sagte die damalige Parteivorsitzende Annegret Kramp-Karrenbauer im Jahr 2018, sei ein falsches Zeichen: „Es muss einen Zusammenhang geben zwischen Leistung und dem, was man bekommt." Vor diesem Hintergrund ist für viele CDU-Sympathisanten auch die Grund-rente, die 2020 im Deutschen Bundestag beschlossen wurde, eine ziemlich schlechte Idee. Einige CDU-Abgeordnete stellten sich sogar offen gegen den Beschluss, den ihre Partei mitgetragen hatte: So bezeichnete der Vorsitzende der Jungen Union, Tilman Kuban, die Grundrente als „Einstieg" ins bedingungslose Grundeinkom-men. „Für uns ist eine Grenze erreicht", sagte er dem *Spiegel*.

Auch die Schwesterparteien der CDU/CSU in Österreich und der Schweiz stehen einem bedingungslosen Grundein-kommen skeptisch bis klar ablehnend gegenüber. Es handle sich um eine „ruinöse Utopie, welche grundlegenden Werten unserer Gesellschaft wie Leistungsbereitschaft und Eigenver-antwortung diametral widerspricht", heißt es auf der Website der Schweizerischen Volkspartei (SVP). Die damalige National-rätin Sylvia Flückinger warnte vor der schweizerischen Volks-abstimmung zudem vor einer „gigantischen Umverteilung":

## GRUNDRENTE IN DEUTSCHLAND
### Der erste Schritt zum Grundeinkommen?

Nach jahrzehntelangem Tauziehen hat das deutsche Bundeskabinett im Februar 2020 die Einführung einer Grundrente beschlossen. 2021 soll es losgehen. Der Gesetzesentwurf sieht vor, all jenen Menschen, die 33 Jahre lang einer Erwerbsarbeit nachgegangen oder sich der Kindererziehung oder Pflege gewidmet haben, eine Aufstockung ihrer Pension zuzugestehen. In dieser Zeit müssen sie Beiträge geleistet haben, die im Durchschnitt einem Wert zwischen 30 und 80 Prozent eines Durchschnittseinkommens entspricht. Das soll allerdings nur dann gelten, wenn das Monatseinkommen insgesamt einen bestimmten Betrag nicht übersteigt (1.950 Euro für Paare, 1.250 für Singles). Anfangs war geplant, die Kosten von rund 1,5 Milliarden Euro pro Jahr (mit steigender Tendenz) mit einer Finanztransaktionssteuer hereinzuspielen. Mittlerweile jedoch ist angedacht, die Grundrente aus anderen Quellen zu finanzieren.

Mehrpersonenhaushalte würden profitieren – weil das Grundeinkommen ja pro Person und nicht pro Haushalt berechnet werde –, während Alleinstehende benachteiligt würden. „In der Schweiz gäbe es damit ein Menschenrecht, auf Kosten anderer zu leben. Denn alles, was umverteilt wird, muss ja zuerst einmal erarbeitet, erwirtschaftet, verdient und abgeliefert werden", schrieb die Nationalrätin. Zudem warnte Flückinger vor einer Flut von Immigranten, die ‚in die Schweiz kämen, jenes Land, das im Falle eines positiven Volksentscheids dieses Modell als erstes weltweit einführen würde: „Man muss sich nur vorstellen, wie schnell diese Botschaft, ‚In der Schweiz gibt es für jede Person ein bedingungsloses Grundeinkommen‘, auch das hinterste der Länder dieser Erde erreichen wird. Die Zuwanderung würde explodieren, sie bringt uns ja heute schon an die Grenze des Machbaren, vor allem auch bezüglich der Finanzierung", so Flückinger. Obwohl die Österreichische Volkspartei keine offizielle Position zum Grundeinkommen publiziert hat, ist die Grundhaltung hauptsächlich negativ.

Wir sehen also: Innerhalb der politischen Parteien in Österreich, Deutschland und der Schweiz wird das bedingungslose Grundeinkommen mehr oder weniger strikt abgelehnt, wenngleich aus unterschiedlichen Gründen: In der Sozialdemokratie fürchtet man den Verlust der Errungenschaften des Arbeitnehmerschutzes, das Ende der Arbeitsgesellschaft und die Aushöhlung des Sozialstaates. Christdemokraten und christlich-soziale Parteien halten ein bedingungsloses Grundeinkommen für ungerecht, weil sie besorgt sind, dass es jene, die mehr leisten, übermäßig belastet. Wenn Leistung nicht belohnt wird, sondern wenn jeder Mensch, egal wie er seine Tage verbringt und wie er mit seinen Mitmenschen umgeht, Anspruch auf ein Einkommen hat, wer soll dann noch arbeiten wollen?

## WELCHES LEBEN DARF'S DENN SEIN?

Hinter diesen Positionen stehen verschiedene Vorstellungen davon, was den Wert des Menschen ausmacht und was ein gutes Leben bedeutet. Während so gut wie alle Parteien in Europa sich zu einem Auffangnetz für Menschen in Situationen wie Arbeitslosigkeit, Krankheit oder Alter bekennen, herrscht Uneinigkeit darüber, wie dieses soziale Netz ausgestaltet sein soll. Hat ein reiches Land eine moralische Verpflichtung, allen Menschen ein menschenwürdiges Leben zu garantieren? Soll dies nur für Staatsbürger – beziehungsweise Unionsbürger – gelten oder für alle Menschen, die sich in dem Land aufhalten? Sollen alle gleichviel bekommen, ungeachtet davon, sie einer Erwerbsarbeit nachgehen oder nachgegangen sind?

Oder anders gefragt: Soll die Sicherung der Existenz von Menschen von ihrem Erwerbstatus unabhängig sein?

Wer diese letzte Frage mit Ja beantwortet, findet sich im Lager jener wieder, die ein Grundeinkommen zumindest für überlegenswert erachten. Und auch wenn die Positionen mancher Parteien von ihren historischen Wertpositionen abgeleitet werden können (Leistungsprinzip, Bekenntnis zur Arbeitsgesellschaft, soziale Gerechtigkeit etc.), gibt es immer mehr Bewegungen und Menschen, die klassische politische Muster sprengen.

Sarah und ihre Eltern sind dafür ein Beispiel. Doch ausgerechnet sie schließen damit an eine lange Geschichte an, in der die Idee einer bedingungslosen Grundsicherung von unterschiedlichen Bewegungen mit unterschiedlichen Argumenten immer wieder aufgegriffen – und verworfen wurde. Das sehen wir uns im nächsten Kapitel genauer an.

. . . . .

# KAPITEL 2

# VOM ARBEITSZWANG ZUR YANG-GANG

## EINE IDEE MIT GESCHICHTE

Jeffrey lebt in Houston, Texas, ist Ende zwanzig und ehemaliger Trump-Fan. Wie es zu Letzterem kam, ist eine längere Geschichte. Jeffreys Vater Matthew stammt aus einer afroamerikanischen Familie, die schon seit vielen Generationen in der Region lebt. Seine Mutter Ashley kam in jungen Jahren nach Houston, um zu studieren und der Enge ihrer Heimat, einer texanischen Kleinstadt, zu entkommen. Während des Studiums kellnerte sie in der Bar, in der sie sich mit einem jungen Mann anfreundete, der dort Cocktails mixte. Der Rest der Geschichte ist insofern relevant, als die beiden heirateten und Eltern von drei Kindern wurden. Eines von ihnen ist Jeffrey.

Jeffreys Eltern sind nicht arm, aber auch nicht wohlhabend. Ashley hat ihr Studium der Betriebswirtschaftslehre zwar nicht beendet, dafür machte sie in der Gastronomie Karriere. Bis vor der Corona-Krise arbeitet sie als Schicht-Managerin in einem Restaurant. Derzeit ist sie wie so viele Amerikaner auf Arbeitssuche. Sein Vater verdingt sich als Filialleiter in einem mittelgroßen Supermarkt – zumindest sein Job ist von der Krise nicht betroffen. Jeffrey selbst arbeitet für eine Fluglinie in der Catering-Logistik und rüstet mit seinen Teamkollegen Flugzeuge mit Verpflegung aus. Nach dem Aussetzen vieler Linienflüge während der COVID-19-Pandemie erledigte er vor allem Büroarbeiten.

Im Präsidentschaftswahlkampf 2016, als Donald Trump gegen Hillary Clinton antrat, war Jeffrey 25 Jahre alt geworden. Davor hatte er sich nicht sonderlich für Politik interessiert. Er wusste eigentlich nur, dass sein Vater ein Bewunderer von Barack Obama war. Sein Großvater hingegen hatte immer wieder von Lyndon B. Johnson erzählt, der in den 1960ern die Diskriminierung schwarzer Amerikaner lockerte und dessen „Great Society"-Programm vielen ärmeren Familien erstmals Zugang zu beruflicher und höherer Bildung ermöglichte. Für Jeffrey jedoch waren das nicht viel mehr als Anekdoten aus längst vergangenen Tagen. Auch seine Freunde kümmerten sich nicht großartig um Politik. Die meisten wählten gar nicht oder republikanisch, ohne genau zu wissen, warum.

Mit der Trump-Kandidatur änderte sich das. Zumindest bei Jeffrey. Ganz gleich, ob bei Familien-Treffen oder beim Abhängen mit seinen Freunden: Immer öfter machte er sich für den schillernden Außenseiter mit den einfachen Botschaften stark. „Warum ich ein Trump-Fan wurde? Zwei Worte: Hillary Clinton", erzählt er mir. Dabei ging es ihm nicht um die Person der demokratischen Kandidatin. Ihn störte, wofür sie stand: für eine Politik, die vorgaukelte, der Bevölkerung zu dienen, tatsächlich aber die Interessen der Banken und Großkonzerne vertrat. Für den jungen Texaner stand der Clinton-Clan symbolisch für eine riesige Enttäuschung, die viele während der Obama-Jahre gemacht hatten. „Leute wie mein Vater haben über viele Generationen auf die Demokraten gesetzt", sagt Jeffrey. „Was haben sie dafür bekommen? Nichts. Mein Vater arbeitet heute mehr als früher und hat weniger Geld." Donald Trump war für den Logistik-Arbeiter „ein frischer Wind", der das politische Establishment hinwegfegen sollte. Die Jahre danach hielt er treu zum Präsidenten. „America first!" Das sieht Jeffrey ganz genau so.

Umso größer war für seine Familie und Freunde die Überraschung, als Jeffrey im beginnenden Präsidentschaftswahlkampf 2019 nicht Donald Trump, sondern einen anderen Kandidaten unterstützte: den 45-jährigen Rechtsanwalt und Sohn taiwanesischer Einwanderer, Andrew Yang. Die Kampagne des demokratischen Bewerbers riss ihn regelrecht mit. Kurz überlegte er sogar, Teil der „Yang-Gang" zu werden – so die Bezeichnung derer, die den Underdog mit Geld, Zeit oder Zuspruch in den Social Media unterstützten. Was zog Jeffrey so sehr in seinen Bann?

Andrew Yang forderte in seinem Wahlprogramm nichts weniger als: Geld für alle. Oder zumindest fast alle. Jeder Amerikaner zwischen 18 und 64 Jahren sollte monatlich 1.000 Dollar erhalten. Ohne Bedingungen. 2018 hatte der Unternehmer aus Schenectady, New York, seine Ideen erstmals in einem Buch präsentiert. Unter dem Titel *The War on Normal People* beschrieb er, wie sich die Situation am Arbeitsmarkt immer weiter zuspitzt. Während einige Berufe im Verschwinden begriffen seien, gäbe es eine immer größere Konzentration von Macht und Reichtum in einigen wenigen Sektoren: Finanzen, Unternehmensberatung, Justiz, Technologie, Medizin und Forschung. Dies seien die Bereiche, so Yang, in die die besten Uni-Absolventen strömen und in denen die Gehälter und die Arbeitsbedingungen immer besser würden – während sie sich in so gut wie allen anderen Bereichen verschlechtern.

Vergrößert werde dieses ohnehin bereits vorhandene Ungleichgewicht durch sogenannte Super-Firmen wie Google, Apple oder Nike, die aus den ländlichen Regionen gut ausgebildete junge Menschen anziehen. Dadurch würden die Wohnungs- und Lebenshaltungskosten in den neuen und alten Machtzentren wie San Francisco, Boston oder Washington exorbitant steigen. Die regionalen Zentren am flachen Land hingegen und die ehemaligen Industriehochburgen verkommen zu Ghettos, in denen Arbeitslosigkeit, schlechte medizinische Versorgung und Armut zunehmen. Immer mehr Menschen zwischen 20 und 35 seien gezwungen, so Yang, bei ihren Eltern zu leben, da sie sich eine eigene Wohnung nicht mehr leisten könnten.[14]

Eine fatale Abwärtsbewegung, die global und damit auch in den USA vor allem junge Männer zurücklässt. Das betont auch Andrew Yang: Immer weniger von ihnen schließen eine Universität ab, finden Arbeit, können sich ein Eigenheim leisten. Gleichzeitig ist es gerade diese Bevölkerungsgruppe, die ihren Selbstwert und ihr soziales Ansehen vor allem aus einer geregelten, gut bezahlten Arbeit mit Aufstiegsperspektive zieht. Doch diese Jobs gab es in diesen Hinterhöfen der USA schon vor der Corona-Krise nicht mehr. Viele dieser Menschen verwahrlosen – Experten sprechen mittlerweile von den „Krankheiten der Verzweiflung" wie Alkoholismus und Depressionen, die die Lebenserwartung vieler in den Vereinigten Staaten sinken lassen.[15]

Jeffrey hat Andrew Yangs Buch nicht gelesen, aber er erinnert sich sehr gut daran, als er den Politiker das erste Mal in einem Youtube-Video[16] sah. In diesem Clip berichtet Yang von einem Startup, das er gegründet hatte: „Venture for America" sollte in abgehängten Städten wie Cleveland oder Detroit wieder Arbeitsplätze schaffen und zumindest einen bescheidenen Wohlstand ermöglichen.

Richtig hellhörig wurde Jeffrey jedoch, als der Unternehmer eine radikale Idee präsentierte: die „Freiheitsdividende". Nichts weniger als ein Plan zur Einführung eines bedingungslosen Grundeinkommens. Yangs Konzept zur Finanzierung der monatlich 1.000 Dollar für jeden Amerikaner im erwerbsfähigen Alter, immerhin 2,8 Billionen Dollar, sah folgende Maßnahmen vor: Erstens müsste sich jeder Bürger, der Sozialleistungen bezieht, entscheiden, ob er diese weiterhin erhalten oder die Freiheitsdividende ausbezahlt bekommen möchte. Denn durch den Wegfall vieler Zahlungen aus Lebensmittelhilfsprogrammen und Sozialleistungen für Familien könnten Milliarden eingespart werden. Zweitens wollte Yang eine Finanztransaktionssteuer einführen und Kapitalertragssteuern erhöhen, was landesweit 85 Milliarden an zusätzlichen Steuergeldern bedeuten würde. Drittens sollte es für Sozialversicherungsabgaben keine Gehaltsobergrenze mehr geben: Bezieher besonders hoher Einkommen würden entsprechend mehr zur sozialen Sicherung beitragen, insgesamt weitere 133 Milliarden Dollar im Jahr. Viertens sollte eine neue Kohlendioxidsteuer 123 Milliarden Dollar einbringen.

Die wichtigste Maßnahme in Yangs Plan war allerdings die Einführung einer Mehrwertsteuer in Höhe von zehn Prozent, einer Abgabe, die es in den USA – bis auf einzelne Bundesstaaten – als einzigem OECD-Land bis heute nicht gibt. Diese Maßnahme, so Yang, würde insbesondere Konzerne wie Google und Apple zur Kassa bitten, weil es schwieriger ist, der Mehrwertsteuer auszuweichen. Ganz im Gegensatz zu Körperschafts- oder Einkommenssteuern. Für einen in Indiana gekauften Laptop muss die Mehrwertsteuer eben in diesem Bundesstaat abgeführt werden – und nicht etwa in Irland, das mit niedrigen Körperschaftssteuern die Hauptquartiere der Großkonzerne ins Land lockt.

Der Steuerexperte Kyle Pomerlau, Mitarbeiter eines konservativen US-Thinktanks, rechnete Yangs Pläne durch und fand heraus, dass der Staat gerade einmal 1,3 Billionen Dollar einnehmen würde, weit weniger als die Hälfte dessen, was die „Freiheitsdividende" im Jahr kosten würde. Andere Experten kamen mit weiteren Vorschlägen – höhere Mehrwertsteuer, geringere Auszahlung –, doch Andrew Yang wies immer wieder darauf hin, dass viele Kritiker eines nicht am Schirm hätten: Aufgrund des gestiegenen Lebensstandards der Bezieher würde die Wirtschaft angekurbelt werden, was indirekt zu noch höheren Einnahmen aus Mehrwert- und anderen Steuern führen würde. Außerdem könnten in vielen weiteren Bereichen Kosten gespart werden: Dank des Grundeinkommens wären die Menschen weniger krank, würden also das Gesundheitssystem weniger belasten, auch die Kriminalität und damit die Kosten für das Justizsystem, würde sinken. Die Freiheitsdividende, so Yang, „würde unsere Familien stärker und gesünder machen, Millionen neuer Jobs in unseren Städten schaffen. Das würde unser psychologisches Wohlbefinden stärken, Stress reduzieren und menschliche Beziehungen verbessern."

Als er das hörte, erzählt Jeffrey, wusste er, dass dieser politische Newcomer die Probleme seiner Generation tatsächlich verstanden hatte. Das war nicht bloß einer dieser Silicon-Valley-Typen, der dachte, man könne die Massen ruhigstellen, wenn man ihnen ein paar Almosen gibt.

Obwohl Andrew Yang im Februar 2020 nach Niederlagen bei den Vorwahlen in Iowa und New Hampshire aus dem Rennen um die Nominierung des demokratischen Präsidentschaftskandidaten aussteigen musste, glaubt Jeffrey noch immer an die Grundidee des bedingungslosen Grundeinkommens. Vor allem, weil die Freiheitsdividende während der Corona-Krise wieder ein mediales Comeback feierte.

Gänzlich neu ist dieses Konzept für ein Grundeinkommen übrigens nicht, greift es doch eindeutig auf historische Vorbilder zurück. Zeit für eine Rückblende. Sehen wir uns kurz die wichtigsten Ansätze und Motive an.

## NÄCHSTENLIEBE ODER SOZIALDIVIDENDE? DIE ANFÄNGE EINER IDEE

Je nachdem, wie eng oder wie weit wir den Begriff definieren, reichen die Wurzeln eines bedingungslosen Grundeinkommens in Europa mindestens bis ins frühe 16. Jahrhundert zurück. Mit dem Beginn der Renaissance verbreitete sich die Idee, nicht nur die Kirche und reiche Wohltäter seien für die Wohlfahrt armer Menschen zuständig. Vielmehr wurde die Linderung von Not als eine gemeinsame gesellschaftliche Pflicht erachtet. Es war der

Beginn erster Ideen für eine staatliche Fürsorge. Der spanische Humanist Johannes Ludovicus Vives (1492–1540) erarbeitete in der ersten Hälfte des 16. Jahrhunderts eine umfassende Theorie und führte sowohl pragmatische als auch moralische Gründe an. Diese Art der Zuwendung, so meinte er, sei die effektivste Weise, Almosen zu verteilen – und außerdem eine christliche Pflicht.

Für den spanischen Sozialreformer lag der der Schlüssel zu einer besseren Gesellschaft in der moralischen Entwicklung der Menschen. Die christliche Ethik, die er für einen wesentlichen Fortschritt gegenüber „heidnischer" Weisheit sah, spielte für ihn eine wichtige Rolle.[17] Vives war zudem ein strikter Gegner der aristotelischen Ansichten, die er als unvereinbar mit christlicher Moral sah. In seinem Traktat *Über die Armenhilfe* (*De subventione pauperum*) aus dem Jahr 1526 betonte Vives, dass es zur Natur der Menschen gehöre, von anderen abhängig zu sein, aber auch für andere da sein zu wollen. Krieg und Armut sah er als Störungen, die es zu überwinden gelte.

Zur Bekämpfung des Elends schlug er vor, dass Städte und Gemeinden ihren Bewohnern eine Grundsicherung zukommen lassen sollten. Dies verlange die Moral, argumentierte Vives.[18] Eigentum – und damit die Unterteilung der Menschen in Besitzende und Besitzlose – wäre nicht gottgegeben, sondern eine Notwendigkeit des Zusammenlebens, die man durch Teilen und aktive Nächstenliebe ausgleichen müsse. Jener, so Vives, der sich die Geschenke der Natur zu eigen mache, ohne den Notleidenden zu helfen, „ist nichts als ein Dieb, ein Monopolist, vom Naturrecht verurteilt – denn er beansprucht für sich allein, was die Natur nicht nur für ihn geschaffen hat". Das Einzige, was wir unser Eigen nennen dürften, sei unsere Seele. Allerdings hatten Vives' Meinung nach nicht nur die Besitzenden ihren Beitrag zu leisten, auch die Empfänger sollten das ihre erbringen: Um sich zu qualifizieren, mussten sie sich bereit erklären, zu arbeiten. Durchsetzen konnten sich diese Theorien jedoch nicht – was wohl daran lag, dass Vives eine umfassende Kontrolle der Bezieher vorsah. Nicht nur das Einkommen der Menschen sollte nach dem Willen des Moralisten genau überwacht werden, sondern auch das sittliche Verhalten, das gegebenenfalls von „Zuchtherren" bestraft werden sollte.[19]

Knapp zwei Jahrhunderte später und in einem völlig anderen gesellschaftlichen und politischen Kontext setzte sich der englische Sozialreformer Thomas Paine (1737–1809) für eine Grundsicherung ein. Auch seine Motive waren religiös bestimmt, so war er der Meinung, dass Gott die Erde – und damit Land, das Nahrung wachsen lässt – allen Menschen gemeinsam zur Verfügung gestellt habe. Der Quäker-Sohn lebte zu einer Zeit, in der in England die Privatisierung allgemeiner Landflächen zu Revolten geführt hatte. In seinem 1797 erschienenen Pamphlet *Agrarian Justice* trat Paine gegen die Ungleichverteilung sowohl des Reichtums als auch des menschlichen Wohlergehens auf. Ihm zufolge können sich im Naturzustand, also in einer fiktiven Welt, in der es keine weltliche Herrschaft gibt, alle von dem, was am Boden wächst und gedeiht, ernähren. Damit stellte sich der Aufklärer nicht prinzipiell gegen den Eigentumsbegriff, der sich parallel zur Entwicklung der Landwirtschaft herausgebildet hatte. Für ihn war Landbesitz sogar notwendig, damit Menschen den Boden bewirtschaften und so Nahrungsmittel produzieren. Gleichzeitig jedoch, so Paines Forderung, müssten die Eigner dafür sorgen, dass alle anderen ihren Anteil an Grund und Boden ausbezahlt bekämen. Und zwar in Form einer „Bodenrente" („ground rent"), die über eine Steuer auf Landbesitz zu finanzieren wäre. Anspruch darauf sollten alle erwachsenen Männer und Frauen haben. Interessant an Paines Modell ist, dass er es nicht als freiwillige Zuwendung der Wohlhabenden an die Armen sah, sondern als einen moralischen (und rechtlichen) Anspruch, den die Besitzlosen gegenüber den Besitzern hatten.

Das klingt zwar ähnlich wie Vives, ist es aber nicht: Für den Spanier hatten die Reichen eine moralische und religiöse Pflicht, die Armen zu versorgen. Bei Paine ist es umgekehrt: Hier haben die Besitzlosen einen moralischen Anspruch darauf, dass ihnen geholfen wird. Was wie eine kleine sprachliche Nuancierung klingen mag, macht in der Praxis einen riesigen Unterschied. Auf die heutige Zeit umgelegt wäre das der Unterschied zwischen dem Hoffen auf Unterstützung durch die Caritas und einem einklagbaren Recht auf Sozialhilfe.

Dieser Gedanke eines Anspruches der weniger privilegierten Menschen gegenüber den Reichen auf Befriedigung der Grundbedürfnisse setzte sich in der Arbeit französischer Sozialreformer im 18. und 19. Jahrhundert fort. Heutige Befürworter beziehen sich häufig auf die Arbeit des französischen Philosophen Charles Fourier (1772–1837). Seine Ideen zu Gesellschaft und Wirtschaft waren so einflussreich, dass sie viele Menschen weit über die Grenzen Europas hinaus inspirierten. Nach seinem Vorbild wurden sogar in Nordamerika „utopische Kommunen" errichtet. Was war an seinen Ideen so besonders?

Für den Freidenker war die Sorge der Menschen für sich und für einander nicht nur die Grundlage des guten, gedeihlichen Zusammenlebens, sondern auch für eine florierende Wirtschaft. Wenn Arbeitnehmer fair entlohnt würden und gegenseitige Hilfe die Norm sei, profitiere davon auch der Handel, war er überzeugt. Zugleich lehnte Fourier jede Gleichmacherei ab, jeder sollte seine individuellen Eigenschaften und Vorlieben ausleben können. Damit redete er übrigens nicht der Anarchie das Wort, vielmehr sollte die Ordnung innerhalb der Gesellschaft organisch entstehen, einfach, weil sich die Extreme ausgleichen würden. Wie

Gestirne, so Fourier, die sich durch die gegenseitige Anziehung in einem System anordnen, würde sich in einer freien Gesellschaft Harmonie einstellen und sozial unerwünschte Verhaltensweisen durch eine aus gegenseitiger Hilfsbereitschaft erwachsende Gegenkraft ausgeglichen werden. Diese Vision war für viele Anhänger nicht zuletzt deshalb so attraktiv, weil die christlich-protestantische Arbeitsmoral in ihren Augen regelrecht dazu anstachle, hart zu arbeiten und so einen kalten, ungerechten Kapitalismus zu unterstützen. (So viel Häresie hatte natürlich Folgen: Zeitgenössische Kritiker bezichtigten den Franzosen der Gottlosigkeit und einer laxen Sexualmoral. Fourier war so etwas wie ein früher Hippie.)

Der Philosoph strebte übrigens nicht an, die gesellschaftlichen Missverhältnisse von der Erde verschwinden zu lassen. Er betrachtete sogar ein gewisses Maß an Ungleichheit als positive Motivation für Leistung und Kreativität. Wofür er jedoch leidenschaftlich eintrat, war die Bekämpfung von Armut. Die galt ihm als der Ursprung allen gesellschaftlichen Übels. In seinem Werk *Die falsche Industrie* (1836)[20] argumentierte er, alle sollten mit einem „sozialen Minimum" versorgt werden. Das sei nicht nur für den sozialen Frieden wichtig, die Menschen hätten sogar ein „natürliches" Recht darauf. Ähnlich wie Paine sah Fourier in einer Grundsicherung die Abgeltung jenes Anteils, den der Planet jedem Menschen quasi naturgemäß zur Verfügung stellt. Allerdings sollte dieser nicht in Geld, sondern in Sachleistungen ausbezahlt werden – Nahrung, Wohnung, und Kleidung. (Ein Ansatz, der uns in Kapitel 6 und 7 wieder begegnen wird.)

Eine weitere Denkrichtung, die sich im 18. Jahrhundert und im Windschatten der Aufklärung entfaltete, rückt die sogenannte Sozialdividende ins Zentrum. Im Grunde folgt sie der bereits bekannten Idee, alle Menschen hätten ein Recht auf ihren Anteil am Wohlstandskuchen. Darüber hinaus besagt sie jedoch, dass die Produktionsmittel – also Boden, Maschinen, Rohstoffe, und andere Faktoren (mit der Ausnahme der Arbeit), die für das Herstellen von Gütern notwendig sind – allen gemeinsam gehören, auch wenn nicht alle faktisch dieselbe Kontrolle darüber haben. Um dieses Missverhältnis auszugleichen, sollten die Profite, die mit diesen Produktionsmitteln erzielt werden, verteilt werden. Ein Ansatz, der im 20. Jahrhundert etwa vom polnischen Ökonomen Oskar Lange (1904–1965) weitergedacht wurde. Ihm zufolge sollte sich das Einkommen der Menschen aus zwei Quellen speisen: aus der Vergütung ihrer Arbeitsleistungen und aus einer Sozialdividende, „die den Anteil des Individuums am Einkommen aus dem Kapital und den natürlichen Ressourcen im Besitz der Gesellschaft darstellt".[21] Allerdings stünden nicht allen eine Dividende in derselben Höhe zu. Stattdessen sollte jeder einen bestimmten Prozentsatz seines Arbeitseinkommens, dessen Höhe sich über einen politisch ausgehandelten, festgesetzten Stundenlohn ergibt,[22] zusätzlich ausbezahlt bekommen.

Langes Konzept mag auf den ersten Blick unfair erscheinen. Schließlich bekämen jene, die mehr verdienen, eine höhere Dividende. Tatsächlich aber hatte der polnische Wirtschaftswissenschafter nicht die freie Marktwirtschaft im Blick, sondern eine sozialistisch geprägte, in der Einkommensunterschiede nicht so groß waren. Vor diesem politischen Hintergrund lag für ihn der Fokus darauf, dass jene, deren Arbeit besonders gebraucht wurde, mehr verdienen und damit auch mehr Sozialdividende bekommen sollten.

In der kapitalistischen Welt konnte man mit diesen Thesen naturgemäß wenig anfangen, aber auch in jenen Staaten, die sich zwischen 1945 und 1989 als sozialistisch verstanden, wurde dieses System nie eingeführt. Zu viel Gleichheit war, obwohl nach außen hin ideologisches Programm, wohl doch nicht erwünscht. Allerdings sind einige der heute existierenden Gewinnausschüttungsmodelle in der westlichen Welt – wie zum Beispiel in Alaska oder Norwegen – von der Idee einer Sozialdividende inspiriert.

Eine Rohstoffdividende führt etwa der deutsch-amerikanische Philosoph Thomas Pogge[23] ins Feld. Dahinter steckt die Idee, dass alle, die sich natürliche Rohstoffe anderer Länder privat aneignen, eine Abgabe leisten. Diese Einnahmen werden danach an die Bürger jener Staaten ausbezahlt, aus denen diese Rohstoffe kommen. Pogge, der lange in den USA politische Philosophie und Ethik gelehrt hatte, rückt damit weg von einer lokalen, auf eine bestimmte Gesellschaft beschränkte Umverteilung, hin zu einem globalen Projekt. Pogge schätzt, dass mit einer Dividende von einem Prozent auf den Verbrauch natürlicher Ressourcen bis zu 300 Milliarden Dollar im Jahr zusammenkommen, die auf das ärmste Viertel der Weltbevölkerung verteilt werden könnten. Durchgesetzt würde die Maßnahme mithilfe von bilateralen Verträgen und Kontrollen, einem System, das wir bereits von internationalen Klimaschutz-Abkommen kennen.

In einigen Ländern Europas wurde in der Vergangenheit mit Varianten der Sozialdividende experimentiert, oft mit dem Ziel, ein „Basiseinkommen" einzuführen. So etwa in den Niederlanden und in Belgien. Warum ausgerechnet in diesen Staaten? Weil es dort zwischen 1950 und 1975 eine gemeinsame Bestrebung von christlichen und sozialistischen Bewegungen gab, den Sozialstaat auszubauen. Zudem herrschte eine Tradition des kollektiven Eigentums[24], die – im Gegensatz zu England, wo Privateigentum an Land und anderen Gütern zum Normalfall wurde – länger erhalten blieb. Beide Länder führten einige Instrumente ein, die darauf abzielten, besonders armutsgefährdete Gruppen oder Menschen mit gesundheitlichen Beeinträchtigungen unabhängig

## SOZIALDIVIDENDE: WIE SIEHT DIE PRAXIS AUS?

Die sogenannte „Alaskische Permanentfonds-Dividende" („Alaska Permanent Fund Dividend") wird jährlich an jede in Alaska wohnhafte, unbescholtene Person ausgeschüttet. Die Höhe variiert je nach den Gewinnen der Alaska Permanent Fund Corporation, die seit 1980 Gewinne aus dem Erdöl-Geschäft im Bundesstaat investiert. Der Fonds hält fast 70 Milliarden Dollar an unterschiedlichen Vermögenswerten. In der Regel beträgt die Auszahlung um die 1.500 Dollar pro Person pro Jahr. Mit einem Grundeinkommen hat diese Dividende daher nicht viel zu tun.

Der norwegische Ölfonds – offizielle Bezeichnung „Staatlicher Pensionsfonds Ausland" – ist mit über 800 Milliarden Euro der größte staatlich kontrollierte Fonds der Welt. Wie jener in Alaska hält er unterschiedlichste Vermögenswerte, die aus den Öl-Einnahmen finanziert wurden. Dabei folgt er ethischen Richtlinien. Anders als in den USA ist das primäre Ziel nicht die Ausschüttung von Gewinnanteilen an die Bürger, sondern die langfristige Absicherung des Staatshaushalts. Dieser darf pro Jahr bis zu drei Prozent aus dem Fonds abziehen.

### Wenn Jeffrey nicht Texaner wäre …

Wäre Jeffrey also nicht Texaner, sondern würde in Alaska leben, hätte er zum Beispiel im Jahr 2019 1.606 Dollar ausbezahlt bekommen. Als Norweger hätte Jeffrey (oder besser: Jofrøy?) zwar keine direkten Geldzahlungen aus dem Ölfonds bekommen, aber dank der Ausschüttungen an den Staatshaushalt von einer erstklassigen Infrastruktur und dem ausgebauten Sozialsystem des Landes profitiert.

Von einer Ressourcendividende hätte er nur dann profitiert, wenn er Bürger eines Staates im Globalen Süden wäre, das Rohstoffe exportiert. Dann hätte er Pogges Berechnungen zufolge etwa 250 Dollar im Jahr bekommen.

von ihrem Erwerbsstatus abzusichern. In den Niederlanden war das 1963 zum Beispiel eine Mindesteinkommensgarantie („Algemene bijstandswet" – ABW) für Menschen, die keinen Anspruch (mehr) auf Arbeitslosengeld hatten. Finanziert wurde sie aus Steuergeldern. 2004 wurde das ABW durch ein neues

Arbeits- und Sozialhilfegesetz ersetzt. In Belgien kam ein ähnliches Modell zum Zug. Ein „echtes" bedingungsloses Grundeinkommen für alle konnte jedoch keine Unterstützung quer durch alle politischen Lager finden.[25]

Auch in den USA, dem Synonym für Kapitalismus und freier Marktwirtschaft, machte sich lange vor Andrew Yang ein Politiker für die Einführung einer Grundsicherung stark: Präsident Richard Nixon. Ausgerechnet ein Republikaner schlug 1969 ein Modell vor, das einer Grundsicherung relativ nahekam. In einem „Krieg gegen die Armut" sollten alle amerikanischen Familien 1.600 US-Dollar im Jahr erhalten. Nach heutigem Wert wären das ungefähr 10.000 Dollar, also knapp 9.000 Euro (weit weniger also als die Freiheitsdividende Andrew Yangs, die 15.000 Dollar pro Jahr versprach). Das wäre zwar nicht genug zum Leben gewesen, aber zumindest eine Linderung extremer Armut.

Nixons Vorschlag hatte viele Unterstützer, darunter einige bedeutende Ökonomen ihrer Zeit, wie die Wirtschafts-Nobelpreisträger James Tobin (der vor allem für seinen Vorschlag einer Abgabe auf internationale Devisengeschäfte, die „Tobin-Steuer", bekannt ist) und Paul Samuelson. „Unser Land wird erst dann seiner Verantwortung nachgekommen sein, wenn jeder Mensch in unserer Nation ein garantiertes Einkommen hat, das nicht unter der offiziellen Armutsgrenze liegt"[26], schrieben die beiden Mitautoren eines offenen Briefs an den amerikanischen Kongress. Der hohen Kosten des von Nixon vorgeschlagenen „Familienassistenzprogrammes" („family assistance program") – etwa 40 Milliarden Dollar[27] – sei man sich zwar bewusst, es gebe aber keine andere Lösung.

Der Widerstand gegen die Idee basierte ausgerechnet auf einer Arbeit von Karl Polanyi, der bereits 1944 in seinem Hauptwerk *Die große Transformation*[28] die Dominanz des Marktes über die Gesellschaft angeprangert hatte. Darin seziert der Ökonom ein englisches Gesetz aus dem Jahr 1795, das vorderhand zur Unterstützung der Armen erlassen worden war, das aber – so Polanyi – die Bedürftigen noch abhängiger gemacht habe. Die sogenannte Speenhamland-Gesetzgebung, benannt nach dem englischen Ort, an dem einige Friedensrichter dieses Modell ersonnen hatten, besagte, dass die Löhne von Arbeitern, die nicht zum Leben ausreichten, bezuschusst werden sollten. Die Höhe der Zuzahlung sollte dabei vom Brotpreis abhängig sein, der gerade stark schwankte. Polanyi hielt dieses Modell einer Quasi-Grundsicherung für katastrophal: Es habe zu einer weiteren Verarmung der Massen geführt, da viele Arbeitgeber in der Folge noch geringere Löhne bezahlten und sich einfach darauf verließen, dass staatliche Zuschüsse die Notleidenden erhalten würden. Zudem hätten die Arbeiter keine Motivation mehr gehabt, ihre Leistung zu bringen, nachdem die Höhe ihres Einkommens nun nicht mehr von ihrem Fleiß abhängig war. Das Resultat: Die Produktion sank weiter ab.

Ein Berater Nixons, der Polanyis Ausführungen zum Speenhamland-System gelesen hatte, gab sie an den Präsidenten weiter. Es wird kolportiert, diese Analyse habe Nixon so beunruhigt, dass er in der Folge seine Meinung änderte. Die von ihm vorgeschlagene Grundsicherung für Familien sollte nun nicht mehr bedingungslos sein, sondern nur jenen zugutekommen, die einen Job hatten. Arbeitslosigkeit, so tönte der US-Präsident, sei eine persönliche Entscheidung, für die jeder selbst verantwortlich sei. Indem Nixon begann, den Kreis der Bezieher in jene zu unterteilen, die Beistand verdienen, und jene, die keiner Hilfe würdig sind, sabotierte er den eigenen Plan. Rasch nahm das Interesse an der Grundsicherung für alle ab, den Konservativen war sie zu teuer und den Progressiven ging sie nicht weit genug. Nach und nach geriet der Vorschlag in Vergessenheit. Bis eben Andrew Yang die politische Bühne betrat und Schützenhilfe von einer Seite bekam, von der es niemand erwartet hatte: von einem Virus.

## JEFFREY GREIFT ZUR MISTGABEL

Nach dem Ausscheiden Yangs aus dem Präsidentschaftswahlkampf sah es so aus, als ob die Idee eines bedingungslosen Grundeinkommens genauso verhallen würde wie der Nixon-Plan fünfzig Jahre zuvor. Doch wenige Wochen später war die Welt im Bann des Corona-Virus, der das öffentliche und soziale Leben in vielen Ländern stilllegte und große Teile der Wirtschaft zum Erliegen brachte. Innerhalb von nur 14 Tagen war die Zahl der Arbeitslosen die Höchste in der Geschichte der USA. Während man sich in den Twitterblasen der oberen Mittelklasse auf wochenlange Netflix-Orgien freute, machte sich unter Kellnern, Freiberuflern und prekär Beschäftigten Panik breit. Wie die Miete bezahlen, wenn plötzlich das Einkommen weg ist? Wie lang reicht das Ersparte, wenn man überhaupt eines hat? Auch Jeffrey macht sich Sorgen. Seine Fluglinie schickte immer mehr Mitarbeiter in die Kurzarbeit, und es war abzusehen, dass auch er bald an der Reihe kam. Nur der Umstand, dass er schon lange bei dem Unternehmen arbeitete, bewahrte ihn vor dem Verlust seines Jobs.

Jeffreys Freund Joshua hingegen hat es bereits getroffen: Der junge Familienvater hatte zwei Monate vor Corona bei einer großen Hotelkette als Rezeptionist angeheuert und wurde im März 2020 gebeten, sich etwas anderes zu suchen, da man ihn nicht mehr brauche. Besonders niederträchtig fand er, dass das Hotel ihn nicht formal kündigte, sondern auf einen Null-Stunden-Vertrag setzte. Damit verlor er nicht nur sein Einkommen, sondern konnte auch keine staatliche Unterstützung beantragen, da er ja offiziell gar nicht arbeitslos war. Joshs Beschwerden blieben erfolglos. Wenn er sich weiter aufregen würde, ließ sein Arbeitgeber ausrichten, würde man ihm ein schlechtes Dienstzeugnis ausstellen. Josh blieb nicht viel mehr als ein Notfallplan: Mit seiner Frau und dem kleinen Sohn in die Kellerwohnung seiner Eltern zu ziehen und zu versuchen, mit Online-Jobs – etwa als Clickworker, der Onlineumfragen ausfüllt oder Bildbeschreibungen eintippt, um künstliche Intelligenz zu trainieren – ein bisschen Geld zu verdienen. Besser bezahlte Aufträge als sogenannter Einkäufer, der während der Quarantäne für andere shoppen ging, ließ er jedoch aus – und das, obwohl die Branche vorübergehend boomte. Zu groß wäre die Gefahr gewesen, sich oder jemanden aus seiner Familie anzustecken. Die teure medizinische Versorgung, die sie in Anspruch hätten nehmen müssen, hätte die Familie endgültig ruiniert.

Beim Internet-Surfen stieß Josh eines Abends auf ein Video aus dem Jahr 2018, das während der Corona-Krise auf Facebook kursierte. Es zeigt einen Milliardär namens Nick Hanauer, der sich für ein Grundeinkommen stark machte.[29] Hanauer war in den 1990ern einer der ersten Investoren bei Amazon gewesen, zu einer Zeit noch, in der die meisten Menschen damit bloß den Namen eines Flusses verbanden. Er musste an der Börse sagenhafte Renditen allein mit dieser Investition verdient haben. Obwohl: Dass er es „verdient" hätte, würde der Risikokapital-Investor – und studierte Philosoph – so wahrscheinlich nie behaupten.[30] „Ich habe 30 Unternehmen gegründet, mitbegründet oder finanziert. Meine Freunde und ich besitzen eine Bank", schreibt Hanauer, Jahrgang 1959, auf seinem Blog. „Ich sage Ihnen das, um zu zeigen, dass mein Leben wie das der meisten Plutokraten ist. Ich verstehe etwas vom Geschäft und vom Kapitalismus und dafür wurde ich mit einem derart obszönen Leben belohnt, das sich die meisten von euch gar nicht vorstellen können."

Joshua scrollte weiter. „Seien wir ehrlich", fährt Hanauer fort: „Ich bin nicht der klügste Mensch – oder der, der am meisten arbeitet. Ich war ein mittelmäßiger Student. Ich bin nicht mal technisch begabt, ich kann nicht programmieren." Was ihn so besonders mache, sei hauptsächlich Glück gewesen und ein bisschen Intuition, wie sich die Zukunft entwickelt. Wenn er jetzt jedoch in die Zukunft blicke, sähe er nur eines: Mistgabeln. Schon vor Corona, so der Tech-Investor weiter, hätten sich die Vereinigten Staaten in einen Feudalstaat entwickelt, in dem die Masse der Bevölkerung von einer winzigen Oberschicht abhängig sei. Wenn diese Ungleichheit weiter bestehe, räsoniert Hanauer in seinem Pamphlet, werde es nicht lange dauern, bis sich die „Leibeigenen" der digitalen Feudalherren erheben. Dann stünden die USA da, wo sich Frankreich Ende des 18. Jahrhunderts plötzlich fand: inmitten einer Revolution. Angeführt von einem Mob mit Mistgabeln.

Hanauer hat jedoch nicht nur düstere Zukunftsvisionen, sondern auch Ideen, um die Revolution der neuen Unterschicht abzuwenden. Die formulierte er erstmals in einem TED-Talk im Jahr 2012. Lässig gekleidet und vor allem wortreich argumentiert er darin, Steuererleichterungen würden nur multinationale Konzerne ins Land locken, um die Reichen noch reicher zu machen. Zudem sei es reine Ideologie, dass strengere rechtliche Rahmenbedingungen Innovation drosseln würden. Es blieb nicht bei dem einen Online-Auftritt. Längst verbreitet Hanauer seine Breitseiten gegen das wirtschaftliche Establishment auch per Podcast. Seine Thesen fasst er unter einem griffigen Namen zusammen: Mistgabel-Ökonomie.[31] Nach Zahlen, die seine Modelle untermauern, sucht man dort aber vergeblich.

Josh hat seinem alten Schulfreund Jeffrey dennoch den Link zu Hanauers Podcast geschickt. Zwar waren ihm einige Beiträge, die er sich angehört hat, zu realitätsfremd. Aber er hatte zumindest das Gefühl, endlich einige Argumente an die Hand zu bekommen, warum ein Grundeinkommen nicht nur für Menschen wie ihn, sondern die ganze Gesellschaft wichtig ist. Ohne diese Maßnahme, davon ist Jeffrey überzeugt, wird die aktuelle Krise tatsächlich schlimmer werden – vielleicht bis hin zu sozialen Unruhen.

Den meisten seiner Freunde hingegen erscheinen diese Ansichten zu pessimistisch. Eine bessere Absicherung der sozial Schwachen sei nötig, darin sind sich alle einig. Auch eine Gesundheitsversorgung für alle müsse angesichts der Massenarbeitslosigkeit, die die Corona-Pandemie ausgelöst hat, garantiert sein.

Aber einfach so Geld an alle zu verteilen? Ohne Gegenleistung? Das geht ihnen zu weit. Vor allem stoßen sie sich an dem Begriff „bedingungslos". Hieße das, dass in einer Zeit, in der viele Amerikaner vor dem Nichts stehen, auch Einwohner ohne US-Staatsbürgerschaft Geld bekommen? Dann lieber: „America first!"

Aber muss ein Grundeinkommen überhaupt universell sein? Und was hat es mit diesem „bedingungslos" auf sich? Diese Fragen sehen wir uns im nächsten Kapitel an.

. . . . . .

# KAPITEL 3

# UNIVERSELL ODER BEDINGUNGSLOS?

## DER FEINE UNTERSCHIED

Tatiana kam vor 35 Jahren in einer kleineren Stadt in der Nähe von Moskau zur Welt. Ihre Eltern waren Lehrer, Kunst und Kultur spielten zu Hause eine große Rolle. Tatiana und ihre Schwester gingen mit ihren Eltern von klein auf zu Ballett- und Theateraufführungen. In der Schule liebte sie Leichtathletik, nach dem Abschluss entschloss sie sich, Physiotherapeutin zu werden. Nachdem sie ihre Ausbildung beendet hatte, arbeitete sie eine Zeit lang in einem Krankenhaus in Moskau, 2011 kam sie nach Österreich, um in Wien Pflegewissenschaft zu studieren. Die Mittzwanzigerin hatte sich damals ganz bewusst für ein Studium in Wien entschieden, hoffte sie doch, in Österreich bessere Aussichten auf einen gut bezahlten Job zu haben.

Nach sechs Jahren schloss die Russin ihre Ausbildung erfolgreich ab, was sie noch heute stolz macht, weil sie anfangs große Probleme mit der deutschen Sprache hatte. Mit einem Job im Pflegebereich wurde es dann aber doch nichts. Bereits während des Studiums hatte sie Teilzeit in einem Immobilienbüro gearbeitet, vor allem aufgrund ihrer Sprachkenntnisse – neben Russisch und Deutsch beherrscht sie auch Tschechisch und Englisch – bekam sie immer mehr Aufträge. Nach ihrem Abschluss blieb sie dort, auch wegen des im Vergleich zur Pflegebranche deutlich höheren Gehalts. Zusätzlich verdiente sie als Heilmasseurin noch ein wenig dazu, in ihrem Freundes- und Bekanntenkreis gab es genug Leute, die sich das privat leisten konnten. Seit Corona kommen weniger Menschen. Tatjana blickt dennoch optimistisch in die Zukunft.

Mit ihrem Mann Peter wohnt sie in einer großen Wohnung in einem Wiener Außenbezirk, die Wochenenden verbringen sie meist bei den Schwiegereltern im niederösterreichischen Mostviertel. Tatiana mag das Land und die Leute, für sie ist Österreich mittlerweile ihre Heimat – und das, obwohl sie noch keinen österreichischen Pass hat. Peter sagt oft, Tatiana sei „wienerischer als die Wiener".

Im Herbst 2019, als Peter und Tatiana wieder einmal ein Wochenende am Land verbrachten, las die Immobilien-Maklerin in einer Zeitung von einem Volksbegehren, das von einem Mann initiiert wurde, der wie sie Pflegewissenschaft studiert hatte. Der Grazer Peter Hofer machte sich in dem Artikel für ein bedingungsloses Grundeinkommen von 1.200 Euro im Monat für alle stark. „Österreich gehört zu den reichsten Ländern auf diesem Planeten und kann es sich leisten, allen seinen Bürgerinnen ein menschenwürdiges Leben mittels eines bedingungslosen Grundeinkommens zu ermöglichen", hieß es dort. Hofer hatte auch einen Plan, woher das Geld dafür kommen sollte: über eine Finanztransaktionssteuer Höhe von 0,94 Prozent, die für jede getätigte Transaktion in Österreich anfällt. Ein im internationalen Vergleich enorm hoher Steuersatz, für gewöhnlich liegt er bei 0,01 bis maximal 0,1 Prozent. Der Grund: So gut wie alle Berechnungen belegen, dass das Volumen der Transaktionen bei einem höheren Prozentsatz deutlich sinkt – und somit das Steueraufkommen verringert. Doch unabhängig von Prozentfragen fühlte sich Tatiana vor allem von einem Argument angesprochen: Das Grundeinkommen helfe dabei, die Solidarität innerhalb der Gesellschaft zu stärken. Bereits während des Studiums hatte sich die Russin mit der Frage beschäftigt, wie die Würde jedes Menschen trotz unterschiedlicher Lebenssituationen gewahrt bleiben kann. „Das ist bei vielen in Österreich derzeit nicht der Fall", meint Tatiana. „Es gibt viel zu viele ältere Menschen, die arm sind, obwohl sie ihr Leben lang gearbeitet haben."

Das Volksbegehren fand im November 2019 statt – und ein paar Monate später war die Welt eine völlig andere. Tatiana wurde von ihrem Arbeitgeber zuerst auf Heim- und dann, als die Arbeit weniger wurde, auf Kurzarbeit gesetzt. Sie gehört zwar zu den Glücklichen, die ihren Job behalten konnte, ihr Mann

Peter jedoch, der vor Corona als freier Mitarbeiter beim Radio gearbeitet hatte, musste sich etwas anderes suchen. Die beiden konnten dank eines verständnisvollen Vermieters, der auf zwei volle Monatsmieten verzichtet hatte, auch in ihrer Wohnung bleiben. Als während des Höhepunktes der Krise im März und April 2020 in den Social Media immer wieder die Einführung eines bedingungslosen Grundeinkommens diskutiert wurde, erinnerte sich die gebürtige Russin wieder daran, warum sie das Volksbegehren trotz ihres Enthusiasmus – auch wenn sie formal berechtigt gewesen wäre – nicht unterschrieben hat: Weil es nur für österreichische Staatsbürger gelten sollte. Tatiana empfand es als Beleidigung, dass sie und viele ihrer Freunde, die seit Jahren in Österreich leben, arbeiten, Steuern und Sozialversicherungsbeiträge leisten, ausgeschlossen sein sollten. Man könne doch nicht von Solidarität und Menschenwürde sprechen, wenn 1,4 Millionen Menschen[32] im Land durch die Finger schauen, ärgert sich die Immobilien-Maklerin.

Das Volksbegehren zum bedingungslosen Grundeinkommen verfehlte jedenfalls klar sein Ziel. Statt der 100.000 Unterschriften, die notwendig gewesen wären, damit sich das österreichische Parlament mit dem Anliegen befasst, wurden gerade einmal 70.000 erreicht. Zum Vergleich: Ein Volksbegehren zur Verbesserung der Stellung der Frauen in Österreich im Jahr 2018 verzeichnete fast 500.000, eines gegen das Rauchverbot knapp 900.000 Unterschriften.

Aber auch wenn die Initiative ins Parlament getragen worden wäre: Die Chancen auf eine Umsetzung wären äußerst gering gewesen, denn eine Einschränkung der Nutznießer auf österreichische Staatsbürger hätte wegen Diskriminierung von Unionsbürgern gegen Europarecht verstoßen.[33]

Auch für Tatiana ist ein Grundeinkommen, das an alle in einem Land lebenden Menschen geht, und zwar unabhängig von Alter, Staatsbürgerschaft oder Familienstand, der einzige Weg, die Demütigung und Stigmatisierung wirtschaftlich schlechter gestellter Menschen zu verhindern. „Und das trifft eben ganz besonders oft auf Migranten zu", sagt die gebürtige Russin. „Und auch die, die nicht arm sind, arbeiten oft doppelt so hart."

Aus all diesen Gründen findet Tatiana es extrem unfair, ein Grundeinkommen nur auf Inländer zu beschränken. Schließlich lege sogar die *Allgemeine Erklärung der Menschenrechte* der Vereinten Nationen fest, dass allen Menschen – und nicht nur Staatsbürgern – eine Grundsicherung zustehe: „Jeder hat das Recht auf einen Lebensstandard, der seine und seiner Familie Gesundheit und Wohl gewährleistet, einschließlich Nahrung, Kleidung, Wohnung, ärztliche Versorgung und notwendige soziale Leistungen, sowie das Recht auf Sicherheit im Falle von Arbeitslosigkeit, Krankheit, Invalidität oder Verwitwung, im Alter sowie bei anderweitigem Verlust seiner Unterhaltsmittel durch unverschuldete Umstände", heißt es im Artikel 25 der Deklaration.[36] Natürlich ist ein bedingungsloses Grundeinkommen nicht der einzige Weg, dieses Recht ins Werk zu setzen, das ginge auch mit einer bedarfsorientierten Mindestsicherung oder sozialem Wohnbau. Aber wenn es als Instrument der Existenzsicherung eingeführt werden sollte, kann man nicht einfach Menschen mit „falscher" Staatsbürgerschaft ausschließen.

Genau diese Idee – dass nämlich Einwanderer von einem Grundeinkommen profitieren könnten – irritiert aber viele Gegner. Manche, weil sie, wie es Tatiana ausdrückt, prinzipiell ein Problem mit Migration haben. Zudem wird oft übersehen, dass viele jener Länder, die heute Ziel von Migranten sind, vor gar nicht langer Zeit „migrationsproduzierende Staaten" waren – wie es in

## ARMUT UND ARBEIT UNTER MIGRANTEN

Es gibt viele Menschen wie Tatiana: Obwohl im politischen Diskurs oft Menschen auf Flüchtlingsbooten oder asylsuchende Männer in Groß-städten das Bild der Migration prägen, sieht die Realität anders aus. Wie auch die Corona-Krise gezeigt hat, würden weite Teile unserer Gesell-schaft ohne Zuwanderung nicht funktionieren. Und das trifft nicht nur auf die (meist weibliche) Pflege und Tätigkeiten in der Landwirtschaft zu. In Wien etwa waren im Jahr 2015 von 55.000 Industriearbeitern fast ein Fünftel ausländischer Herkunft.[34]

Gleichzeitig sind Migranten besonders häufig von Armut betroffen: 33 Prozent aller in Österreich lebenden Menschen mit ausländischer Staatsbürgerschaft sind armutsgefährdet – im Vergleich zu elf Prozent bei jenen mit österreichischem Pass. Von den in Österreich lebenden EU-Staatsbürgern sind 27 Prozent von Armut betroffen, kommen sie aus Drittstaaten, liegt der Anteil bei 40 Prozent.[35]

| Anteil von Menschen mit ausländischer Staatsbürgerschaft an der Wohnbevölkerung | | | | |
|---|---|---|---|---|
| | A | B | C | D |
| Österreich | 8.811.782 | 15,6 | 7,8 | 7,7 |
| Deutschland | 83.736.940 | 12,7 | 5,7 | 7,0 |
| Schweiz | 8.484.130 | 25,1 | 16,5 | 8,6 |
| EU | 446.800.000 | 4,9 | 95,1 | 4,9 |

A: Gesamtbevölkerung
B: Anteil ausländischer Staatsbürger an der Gesamtbevölkerung in %
C: Anteil EU-Staatsbürger an der Gesamtbevölkerung in %
D: Anteil Staatsbürger aus Drittstaaten an der Gesamtbevölkerung in %

44,4 Millionen der in den USA lebenden Menschen wurden im Ausland geboren. Etwa ein Viertel von ihnen sind sogenannte illegale Migranten: das sind über zehn Millionen Menschen. Zwei Drittel der im Ausland geborenen Amerikaner arbeiten oder sind aktiv auf Arbeitssuche. Damit machen sie 17 Prozent der gesamten Arbeitsbevölkerung aus – während sie nur rund 14 Prozent der Gesamtbevölkerung repräsentieren.

der Fachliteratur heißt. Italien, Portugal, Spanien, Ungarn oder Polen, um nur ein einige Beispiele zu nennen. Wer zugezogenen Menschen vorwirft, keiner staatlichen Unterstützung wert zu sein, weil sie noch nicht lange genug „in das System eingezahlt" haben, übersieht oft, dass es diese Migranten und ihre Kinder und Enkel sind, die künftig für unsere Gesundheitsversorgung und unsere Pensionen bezahlen.

Die Nationalität sollte also kein Kriterium sein, um ein Grundeinkommen zu beziehen. Es sollte an alle, die in einem Land leben, also universell, ausbezahlt werden. Aber was hat es dann mit diesem ominösen „bedingungslos" auf sich, von dem hier und in den politischen Debatten immer die Rede ist? Zeit, die Begriffe zu sortieren und Klarheit zu schaffen.

## WIE UNIVERSELL IST BEDINGUNGSLOS? EIN WEG DURCH DEN BEGRIFFSDSCHUNGEL

Die Klärung der unterschiedlichen Bezeichnungen ist deshalb wichtig, weil sich die Argumente von Gegnern und Befürwortern jeweils auf andere Aspekte konzentrieren. Für das, was wir im Deutschen „bedingungsloses Grundeinkommen" nennen, wird im internationalen Diskurs meist das Kürzel UBI verwendet, das sowohl für „universal basic income", also universelles Grundeinkommen, als auch für „unconditional basic income", also bedingungsloses Grundeinkommen steht. Die Begriffe universell und bedingungslos liegen eng beieinander, meinen aber nicht genau dasselbe: Universell ist ein Grundeinkommen dann, wenn es an alle ausbezahlt wird, unabhängig von Alter, Status ihrer Erwerbstätigkeit, der Haushaltsstruktur, von Nationalität und Aufenthaltstitel. Bedingungslos heißt, dass ein Bezieher eines

Grundeinkommens dieses nicht durch Ansprüche, etwa aus einer Versicherung, erwirbt und es auch dann nicht verliert, wenn sich seine soziale Lage oder die Einkommenssituation ändert. Insbesondere darf keine Gegenleistung verlangt werden. Bei einem echten bedingungslosen Grundeinkommen macht es also keinen Unterschied, ob jemand gar nicht zur Erwerbsarbeit bereit ist – oder durch Erwerbsarbeit „dazuverdient".

Zwei kurze Beispiele, um den Unterschied zu illustrieren: Das in den Medien oft zitierte Experiment in Finnland (mehr dazu im Kapitel 6), bei dem an Langzeitarbeitslose zwei Jahre lang ein Basiseinkommen ausbezahlt wurde, war der Idee nach ein bedingungsloses, aber kein universelles Grundeinkommen. Nur eine bestimmte Gruppe hatte Anspruch darauf: jene, die lange keinen Job gefunden hatten. Dafür aber war es bedingungslos. Man konnte die Grundsicherung nicht verlieren, selbst wenn man wieder Arbeit fand oder etwa eine große Erbschaft machte.

Ein Grundeinkommen jedoch, das nur jenen zusteht, die dafür etwas Bestimmtes leisten müssen (zum Beispiel die städtischen Parks zu reinigen) oder irgendetwas nicht machen dürfen (zum Beispiel dazuzuverdienen), gilt zwar auch als universell, aber eben nicht als bedingungslos.

Ein weiterer zentraler Aspekt in der Diskussion um das G-Wort ist die Frage, ob das Grundeinkommen pro Person oder pro Haushalt berechnet wird. Die meisten denken wohl ganz automatisch an einen individuellen Anspruch. 1.000 Euro pro Nase, zum Beispiel. Bis vor wenigen Jahrzehnten jedoch sahen viele Ideen zum Grundeinkommen noch vor, nicht an einzelne Bürger, sondern an den Haushalt auszubezahlen. Was war in der Zwischenzeit geschehen?

Ein Grund liegt wohl darin, dass die industrialisierte Welt im Lauf des 20. Jahrhunderts immer individualistischer geworden ist.

Gesellschaft wird nicht mehr in Familien, sondern in Einzelpersonen gedacht. Auch leben immer mehr Menschen alleine: In den Vereinigten Staaten hat sich die Zahl der Einpersonenhaushalte in den vergangenen zehn Jahren verdoppelt. Mehr als ein Viertel aller Haushalte sind heute Single-Haushalte, in Norwegen oder Schweden sind es fast die Hälfte, in Deutschland, der Schweiz und in Österreich um die 40 Prozent.

Gleichzeitig veränderte sich die Erwerbsstruktur: Bis weit ins 20. Jahrhundert hinein brachte in der westlichen Welt in aller Regel nur eine Person das Geld und damit einen Großteil des familiären Einkommens nach Hause: der Familienvater, der Ernährer. Mittlerweile jedoch hat sich zumindest in den Industriestaaten, insbesondere in Skandinavien, die Beschäftigungsquote von Männern und Frauen immer mehr angeglichen.[37] Angesichts dieser Veränderung der Geschlechterverhältnisse und der Familienstrukturen ist es nur logisch, dass aktuelle Modelle nicht Haushalte, sondern eben Einzelpersonen als Anspruchsberechtigte vorsehen. Dies hat den zusätzlichen Vorteil eines ökologischen und wohnungspolitischen Steuerungseffektes: Wenn jeder Mensch dasselbe Grundeinkommen erhält, weil es eben pro Kopf und nicht pro Haushalt berechnet wird, lässt sich auch mehr Geld sparen. Wenn zum Beispiel die Miete auf vier statt auf zwei Personen aufgeteilt wird, bleibt jedem Einzelnen mehr zum Leben – und für Konsum – übrig. Jeder, der schon einmal allein gelebt hat, weiß, dass das Kochen im Single-Haushalt mehr kostet, als wenn man gleich für mehrere aufkocht.

Diese Unterscheidung in Haushalts- und Individualansprüche ist nicht zuletzt im Zusammenhang mit einem Modell interessant, das häufig im Zusammenhang mit dem G-Wort diskutiert wird: der negativen Einkommenssteuer. Von einigen Vertretern dieser Idee, darunter dem US-amerikanischen

Wirtschaftswissenschafter Milton Friedman (1912–2006), wird dieses Konzept als eine weniger radikale Alternative zu einem Grundeinkommen gesehen. Das Prinzip: Der Staat „nimmt" nicht nur Steuern von seinen Bürgern, sondern zahlt diese auch an Haushalte aus, die in einem bestimmten Zeitraum ein zu geringes Einkommen hatten, um ihre grundsätzlichen Lebenshaltungskosten zu bestreiten. In der Fachsprache liest sich das so: Es handelt sich um ein „System einkommensabhängiger Geldtransfers ( …,) das mit der Einkommenssteuer derart abgestimmt ist, dass für die Transferzahlungen und die Steuerzahlungen eine einheitliche Bemessungsgrundlage (Einkommen) maßgeblich ist und mit steigendem Einkommen die Transferzahlungen ab- und die Steuerzahlungen zunehmen".[38] Vereinfacht gesagt: Statt Steuern einzusammeln, zahlt der Staat an Menschen mit niedrigem Einkommen Geld aus. In der Praxis gibt es diese negative Einkommenssteuer nahezu nirgendwo. Dies hat auch damit zu tun, dass gemeinhin Steuern als etwas verstanden werden, das man abliefert und nicht bekommt. Wenn der Staat etwas austeilt, dann geschieht das in Form von Sozialleistungen, öffentlichen Dienstleistungen und Transferzahlungen – aber nicht in Form von Abgaben.

Eines der bekanntesten Beispiele dafür ist die sogenannte **Einkommenssteuergutschrift** (Earned Income Tax Credit) in den Vereinigten Staaten, die in den 1970er Jahren von Präsident Gerald Ford eingeführt wurde. Diesem Modell zufolge erhalten Familien, deren Jahreseinkommen unter einer bestimmten Grenze liegt, einmal im Jahr einen Scheck über eine Summe, die aktuell zwischen 538 Dollar und 6.660 Dollar liegt, je nachdem wie hoch das eigene Einkommen war und wie viele Kinder im Haushalt leben.

Die Einführung der Einkommenssteuergutschrift in den USA war von dem Grundgedanken getragen, Menschen mit schlechter

## EINKOMMENSSTEUERGUTSCHRIFT

### Währenddessen in Vienna, Virginia

Stellen wir uns vor, Tatiana und Peter würden nicht in Wien, sondern in Vienna leben, einem kleinen Städtchen im amerikanischen Bundesstaat Virginia. Hätten sie Anspruch auf den Earned Income Tax Credit?

Nein. Als Immobilienmaklerin würde Tatiana rund 43.000 Dollar brutto im Jahr verdienen. Obwohl der arbeitslose Peter keine Einkünfte bezieht, wäre das gemeinsame Einkommen der beiden zu hoch für eine Steuergutschrift, da sie nur gewährt wird, wenn das Haushaltseinkommen unter 21.000 Dollar im Jahr liegt.

Würden Tatiana und Peter jedoch mit drei Kindern in Vienna, VA, leben, sähe die Rechnung anders aus. Trotz des Haushaltseinkommens von 43.000 Dollar, würde die Familie aufgrund der drei im selben Haushalt lebenden Kinder, die alle unter 18 Jahre alt sind, rund 2.700 Dollar im Jahr bekommen.

Ausbildung zu motivieren, sich einen Job zu suchen. Personen in Erwerbsarbeit sollten weiterhin bessergestellt bleiben als jene, die keiner bezahlten Arbeit nachgingen. Deshalb wählte Präsident Ford die Einkommenssteuer und nicht andere fiskalische Instrumente. Der Bezug ist jedoch alles andere als bedingungslos. Um Anspruch darauf zu haben, müssen im entsprechenden Steuerjahr Einkommen aus (unselbständiger oder selbständiger) Erwerbsarbeit vorliegen. Rentenzahlungen und Arbeitslosenunterstützung zählen nicht dazu. Zudem handelt es sich um eine Unterstützung für Familien. Für Kinderlose ist es folglich schwierig, davon zu profitieren. Es handelt sich also nicht um ein bedingungsloses Grundeinkommen für Individuen, sondern vordergründig um eine Maßnahme zur Linderung von Kinderarmut in „Working poor"-Familien – also jenen Haushalten, die es trotz (oft mehrerer) Jobs nicht schaffen, über die Armutsgrenze zu kommen.

Die negative Einkommensteuer wird manchmal mit dem in Europa üblichen System der Steuerfreibeträge verglichen. Deutschland etwa beträgt das jährliche nicht steuerpflichtige Einkommensminimum, der Grundfreibetrag, zurzeit bei 9.400 Euro.[39] In Österreich liegt der Steuerfreibetrag für Arbeitnehmer derzeit bei 12.000 Euro[40], in der Schweiz beträgt das steuerfreie Minimum bei der direkten Bundessteuer 13.600 Franken (ca. 12.900 Euro).[41] Zwischen den beiden Systemen gibt es einen wesentlichen Unterschied: Während man bei der negativen Einkommensteuer den Differenzbetrag zum festgelegten Minimum ausbezahlt bekommt, gilt dies für den Steuerfreibetrag nicht. Egal ob man in einem Jahr 500 oder 5.000 Euro verdient hat: Man zahlt keine Einkommensteuer, aber Überweisung gibt es auch keine. Gäbe es hingegen in Deutschland das System der negativen Einkommensteuer, würde eine Person mit einem jährlichen Einkommen von beispielsweise 5.000 Euro und bei einem Grundfreibetrag von 9.400 Euro immerhin 4.400 Euro erhalten.

Klingt vorderhand gut, dennoch lehnen es viele Befürworter strikt ab, eine negative Einkommensteuer als Grundeinkommen zu bezeichnen. Diese sei nichts weniger als ein Persilschein für Arbeitgeber, ihre Leute schlecht zu bezahlen, meinen sie. Außerdem könne dieses System nur die Armut von Familien mit Kindern lindern, in denen zumindest ein Elternteil einen Job hat. Arbeitslose, alte Menschen, Kinderlose oder alleinstehende Erwerbstätige, deren Kinder aufgrund einer Scheidung oder anderen Gründen nicht im selben Haushalt leben, wären jedoch von einer Auszahlung ausgeschlossen.

Natürlich existiert die negative Einkommensteuer in den Vereinigten Staaten auch deshalb, weil es sonst kaum soziale Absicherung gibt. Kinder in einkommensschwachen Familien, die vom Earned Income Tax Credit profitieren, wären in Deutschland

über Leistungen wie Sozialhilfe, Ausbildungshilfen oder Steuererleichterungen abgesichert. Gleichzeitig müssen amerikanische
Bürger für Aufwendungen bezahlen, die Deutsche, Schweizer
oder Österreicher kostengünstig oder kostenlos aus öffentlicher
Hand erhalten: Gesundheitsversorgung, Bildung, Wohnen. Zudem
können die Kosten für Mobilität einen beträchtlichen Teil des
Haushaltsbudgets ausmachen. Der öffentliche Personennahver-
kehr ist in vielen Städten kaum ausgebaut oder sehr teuer. In New
York City etwa kostet ein Monatsticket 121 US-Dollar (umgerechnet 110 Euro).[42] Die negative Einkommenssteuer stopft in den
USA also ein Loch, das es in Staaten mit erschwinglicher öffentlicher Infrastruktur und einem gut ausgebauten Wohlfahrtsstaat
gar nicht gibt.

## DAS PROBLEM DES EINZELNEN HEBELS

Für viele Befürworter verdient nur eine individuell ausbezahlte
Grundsicherung tatsächlich die Bezeichnung Grundeinkommen.
Etwas, das – im übertragenen Sinne – bei der Geburt jedes einzelnen Menschen ein- und nach dessen Tod wieder ausgeschaltet
wird. Das sei auch bei Weitem der unbürokratischste Weg, Geld
unter die Leute zu bringen. Und in den oft aufgeblähten Verwal-
tungsapparaten ließe sich eine Menge einsparen.

Tatiana sieht das wenig überraschend genauso. Auch sie ist
für weniger Bürokratie, eine effiziente Verwaltung, den vielzi-
tierten schlankeren Staat. Das habe ihr nicht zuletzt der Run auf
die Förderungen und Zahlungen aus Hilfs-Fonds während der
Corona-Krise vor Augen geführt. Neben großen Wirtschafts-
betrieben waren nicht zuletzt kleine Selbständige betroffen. Es
galt unzählige Kriterien zu erfüllen, die erst umständlich geprüft

werden mussten. Ein Wust an Dokumenten und Belegen musste beigebracht werden, um die Online-Formulare der Behörden zu füttern. Ginge das alles nicht einfacher?, fragte sich Tatiana. Eben mithilfe eines Grundeinkommens, das zumindest die Existenz von vielen Menschen sichern würde? Und das ohne komplizierte Anträge und entwürdigende Betteleien. Jeder erhielte von einer zentralen Stelle seine Basis-Unterstützung – und die Sache wäre erledigt. Könne man meinen. Tatianas Schwager Martin ist da völlig anderer Meinung. Er ist Beamter in einer kleinen Gemeinde in Niederösterreich – das Thema Grundeinkommen ist für ihn ein rotes Tuch: „Die Gemeindeverwaltung lebt auch von der persönlichen Beziehung", sagt er. „Wir kennen unsere Schäfchen. Wir wissen, wer was braucht. Wir geben im Winter Heizkostenzuschüsse und organisieren Hilfe für Familien, die es schwer haben. Das reicht von Kleiderspenden bis zur Unterstützung bei der Pflege." Wenn alle Menschen einfach vom Bund Geld ausbezahlt bekämen, ginge diese persönliche Ebene verloren, sagt Martin. „Dann ist jeder nur noch eine Nummer. Wo soll das enden? Am Ende hebt die Verwaltung nur noch Steuern ein – alles andere ist zentralisiert und wegprivatisiert."

Martin spricht damit einen Zielkonflikt an, der in der Literatur unter dem Begriff „einzelner Hebel" bekannt ist. Heute kommen Unterstützungsleistungen in den meisten Ländern aus unterschiedlichen Töpfen: etwa von Gemeinden, den Ländern oder dem Bund. Dazu kommen Quellen, in die zuvor eingezahlt wurde, wie zum Beispiel die Pensions- oder Krankenversicherung. Würde man all diese Töpfe durch einen zentralen Topf ersetzen – wie es zum Beispiel der US-Politiker Andrew Yang vorgesehen hatte –, würde das natürlich eine enorme Verwaltungsvereinfachung bedeuten. Gleichzeitig aber gibt es einen gravierenden Nachteil: Wer es per Gesetz einführt, kann es auch per Gesetz wieder abschaffen. Das ist mit dem „einzelnen Hebel" gemeint. Bei der in den meisten Staaten üblichen dezentralen Organisation der Sozial- und Versicherungsleistungen hingegen müssten unzählige Hebel angesetzt werden, was eine Abschaffung zu einem schwierigen und langwierigen Unterfangen macht. Wenn gleichzeitig jedoch die Gefahr besteht, dass das Grundeinkommen von Wahlergebnissen oder politischen Großwetterlagen abhängig ist, verliert es wichtige Steuerungseffekte. Etwa zu verhindern, dass Menschen zur Absicherung ihres Wohlstands in den Ankauf von Wohnungen oder Häusern investieren – was wiederum die Immobilienpreise für alle steigen lässt. Dieses Szenario wäre nur dann zu vermeiden, wenn alle darauf vertrauen können, dass ein einmal eingeführtes Grundeinkommen auch in Zukunft bestehen bleibt.

## EINE FRAGE DER GERECHTIGKEIT

Daraus ließe sich schließen: Kompliziert ist besser. Was bei einem ganz einfachen Grundeinkommensmodell an Bürokratie gespart wird, muss an anderer Stelle vielleicht finanziell ausgeglichen werden, um negative Konsequenzen, mit denen man gar nicht gerechnet hat, wieder in den Griff zu bekommen.

Abseits politischer Fallstricke und organisatorischer Fragen gibt es aber auch andere Gründe, warum die Idee eines Grundeinkommens für alle Menschen nicht verfängt. Gerald Loacker, der für die liberale Partei NEOS im österreichischen Parlament sitzt, hat einige parat. Und er stimmt Martins Sicht der Dinge zu: „Gerade die Österreicher", erzählt mir der Sozialsprecher bei einem virtuellen Kaffee während der Corona-Krise, „legen großen Wert darauf, dass immer genau hingesehen wird: Der bekommt einen Sonderabsetzbetrag für dieses und einen Zuschlag für jenes. Alles ganz individuell. Denken Sie nur an das Pendlerpauschale, fünf verschiedenen Arten von Kinderbetreuungsgeld und so weiter." All das wäre weg, wenn es ein Grundeinkommen gäbe. „Das sind dann zum Beispiel 1.500 Euro für alle. Ob das Kind eine Behinderung hat oder nicht. Oder nehmen wir den Ruhestand. Da werden sich viele, die in Rente gehen, fragen: Ich war jahrzehntelang vierzig Stunden die Woche buckeln, und der andere hat nichts gemacht und bekommt gleichviel? Ich glaube nicht, dass die Österreicher das wollen."

Neben pragmatischen Argumenten geht es für Loacker aber auch um mehr: Gerechtigkeit. Sowohl in der Öffentlichkeit als auch in unserem Gespräch betont der Sozialsprecher immer wieder, wie wichtig es sei, jene zu unterstützen, die keiner Erwerbsarbeit nachgehen können – auch aufgrund gesundheitlicher Beeinträchtigungen oder Pflegeverpflichtungen. Das sei zweifellos die Aufgabe der öffentlichen Hand, so der 47-Jährige. Aber die Idee, dass der Staat allen Menschen im Land jeden Monat Geld auszahlt, unabhängig davon, was sie dafür leisten, erscheint Loacker absurd: „Es gibt kein Menschenrecht auf eine Kinokarte. Ich kann nicht das Leben ‚full range‘ haben, ohne mich zumindest zu bemühen, meinen Beitrag zu leisten. Das kommt in der Debatte um das Grundeinkommen zu wenig vor."

Vor allem aber würde es dem Politiker zufolge das Ideal einer gesellschaftlichen und ökonomischen Gleichheit suggerieren, das in der Praxis nicht umsetzbar sei. Die von sozialer Ungleichheit ausgelöste Unzufriedenheit wäre nur verschoben, nicht beseitigt. „Wenn sich jemand ein Auto wünscht, das er nicht bezahlen kann, wird er das auch mit dem Grundeinkommen nicht können."

Abseits davon warnt der NEOS-Abgeordnete vor den Auswirkungen auf den Arbeitsmarkt: Vor allem Teilzeit-Beschäftigte würden so dem Arbeitsmarkt verloren gehen, fürchtet Loacker. „Und wie wollen wir dann ein Pflegeheim betreiben? Oder die Müllabfuhr? Da funktioniert dann ganz vieles nicht. Bleibt dann der Mist eine Woche länger stehen? Das ist alles nicht zu Ende gedacht."

Mit dem von Gerald Loacker geschilderten Szenario würde nicht nur die Arbeitsleistung jener wegfallen, die sich nun lieber um den eigenen Garten kümmern, sondern auch jene Steuern und Abgaben, die der Staat auf Arbeit einhebt. „Unser System in Österreich beruht ja darauf, 120 Milliarden im Jahr an Sozialleistungen auszuzahlen – die müssen ja von irgendwoher kommen", argumentiert der Parlamentarier.

## KREATIVITÄT BRAUCHT MARKT

Loackers deutscher Amtskollege Pascal Kober, der sozialpolitische Sprecher der FDP-Bundestagsfraktion, ist auch nicht gerade ein Fan des G-Wortes – aus ähnlichen Gründen. Zudem sei eine der wichtigsten Annahmen der Befürworter falsch: Ein Grundeinkommen mache niemanden frei. Für Kober steigt die Freiheit der Menschen durch Leistungen wie guten öffentlichen Nahverkehr und erschwingliche Kinderbetreuung. Auch der Aussage, ein Grundeinkommen würde es Menschen ermöglichen, sich selbst zu verwirklichen, kann der 49-Jährige nichts abgewinnen. „Die Hoffnung, ein BGE würde neue Kreativität freisetzen und damit das Bruttoinlandsprodukt steigern, wird sich als Trugschluss herausstellen. Wer eine Idee für ein Produkt oder eine Dienstleistung hat, kann diese bereits heute am Markt anbieten. In Produkte und Dienstleistungen geflossene Kreativität, die niemand kaufen möchte, für die also niemand einen Bedarf hat, ist dann logischerweise auch nicht produktiv und sollte deshalb auch nicht von der Allgemeinheit finanziert werden müssen."

Die beiden Parlamentarier stehen mit ihrer skeptischen Haltung nicht allein. Und das hat wenig mit Ideologien und sozialpolitischen Programmen zu tun. Quer durch viele Parteien, sei es in Österreich, Deutschland oder der Schweiz, in ganz Europa, ist der Grundtenor zu hören: Eine interessante Idee. Aber finanziell schwierig umzusetzen – vor allem angesichts der von den Corona-Nachwirkungen belasteten Budgets.

Am anderen Ende der Welt, in Australien, sehen das viele Menschen jedoch anders. In einem Land, das zwar die Auswirkungen den Corona-Pandemie frühzeitig unter Kontrolle gebracht hat, das aber davor monatelang im Ausnahmezustand war. Warum das so kam und woran das lag, diesen Fragen wenden wir uns im nächsten Kapitel zu.

· · · · ·

# KAPITEL 4

# SPAGHETTI ODER GEMÜSEGARTEN?

## WAS UNSER MENSCHENBILD BEEINFLUSST

Es ist ein warmer, sonniger Tag im Februar 2020. Mick und ich sitzen in einem Café in Maroubra Beach, einem Vorort von Sydney. Mick, der in England geboren wurde und im Kleinkindalter mit seiner Familie nach Australien ausgewandert ist, lebt seit vielen Jahren in der australischen Hauptstadt Canberra. Nachdem er viele Jahre als Informatik-Chef in der Privatwirtschaft und im öffentlichen Bereich gearbeitet hat, erforscht er nun an der Universität von Canberra die gesellschaftlichen Folgen der Digitalisierung. Wir haben uns bei einem Vortrag kennen gelernt, seitdem tauschen wir uns immer wieder aus. Als ich dieses Jahr den Februar an der Universität Sydney verbracht habe, hat sich Mick entschlossen, meinen Mann und mich zu besuchen. Der Mittsechziger ist mit dem Bus angereist – er ist sehr umweltbewusst. Sein Haus war von den Buschfeuern im Sommer nur knapp verschont geblieben. Andere Teile von Canberra wurden jedoch hart getroffen. Deshalb überlegen seine Frau und er seit Längerem, aus Australien wegzuziehen. „Wir glauben, dass es jetzt jeden Sommer so wird", sagt Mick. „So wollen wir nicht leben."

Obwohl Buschfeuer in Australien keine Seltenheit sind, war es im vergangenen Jahr besonders schlimm gewesen: Seit Juni 2019 hatten im Südosten des Kontinents riesige Flächenbrände gewütet, die mehr als zwölf Millionen Hektar Land und über 6.000 Gebäude zerstörten. Rund 30 Menschen verloren ihr Leben, hätten sich nicht Tausende Freiwillige für Rettungs- und Löscheinsätze gemeldet, wären wohl viel mehr umgekommen. Noch ist das gesamte Ausmaß der gesundheitlichen Folgen aufgrund des giftigen Rauches, der wochenlang in der Luft lag, nicht abzusehen. Als endlich der Regen einsetzte, schien das Schlimmste für das Land vorbei zu sein. Doch dann erreichte das Corona-Virus Australien. Der erste positiv auf SARS-CoV-2 getestete Patient wurde bereits Ende Januar identifiziert, lang bevor klar war, dass sich die

Krise zu einer Pandemie auswachsen würde. Im März und April stiegen die Neuinfektionen vor allem im Bundesstaat New South Wales und in Canberra, wo Mick und seine Frau leben. (Mein Mann und ich konnten Anfang März gerade noch ohne Probleme nach Europa zurückreisen.)

Die Buschfeuer und dann Corona: Über Monate hinweg befand sich Australien im Ausnahmezustand. Selbst Vergleiche mit den biblischen Plagen hörte man in jenen Tagen. Mit vielen der Probleme, die auf Asien, Amerika und Europa erst ab März 2020 zukamen – Massenarbeitslosigkeit, Depression, ein Aufgehen der sozioökonomischen Schere –, hatte das Land bereits ab Ende 2019 zu kämpfen. Auch war der Arbeitsalltag vieler Australier schon viel früher größeren Veränderungen unterworfen: Während des Höhepunkts der Feuersbrunst Anfang 2020 waren rund 200.000 Menschen[43] – also rund ein Prozent der Bevölkerung – als Freiwillige an Löscheinsätzen beteiligt gewesen. Einige hatten das Glück, für diese Tätigkeit bezahlten Urlaub zu bekommen. Manche jedoch lebten in der Sorge, ihren Job zu verlieren, da es sich selbst verständnisvolle Arbeitgeber nicht leisten konnten, wochenlang vollständig auf ihre Mitarbeiter zu verzichten.[44] Ab März traten schließlich unterschiedliche Maßnahmen zur Eindämmung der Pandemie in Kraft. Universitäten stellten bereits zu Semesterbeginn auf virtuelle Lehre um, in manchen Regionen mussten Schulen und Kindergärten geschlossen bleiben, viele Geschäfte sperrten freiwillig zu. Damit war die australische Wirtschaft, die bereits durch die Buschfeuer enorm geschwächt war, endgültig in der Krise. Menschen, denen es bereits vor Corona finanziell schlecht ging, waren jetzt richtig übel dran.

Vor diesem Hintergrund war es nicht verwunderlich, dass in Australien die Stimmen für ein bedingungsloses Grundeinkommen besonders laut wurden. Es sei „die einzige faire Lösung in der COVID-19-Krise", argumentierten Befürworter.[45] Schließlich würden Arbeitslosengeld oder Soforthilfemaßnahmen nur jenen helfen, die bereits vor der Krise eine Arbeitsstelle hatten – oder deren Betrieb durch die Buschfeuer noch nicht pleitegegangen war. Und warum sollte ausgerechnet jene unterstützt werden, denen es im Vergleich zu anderen noch relativ gut ging? Zudem würden jene Programme, die Einkommensausfälle ausgleichen, bloß die Ungleichheiten zwischen Arbeitslosen und jenen, die noch Arbeit hatten, vergrößern. Diese Maßnahmen, betonte etwa die Soziologin Loriana Luccioni im australischen Online-Journal *Independent*, „vergrößern die ohnehin vorhandenen Gräben in der Gesellschaft, gerade in einer Zeit, die uns mehr denn je unsere gemeinsame Menschlichkeit vor Augen führt. Ein bedingungsloses Grundeinkommen hingegen garantiert allen finanzielle Sicherheit, ohne kategorische Unterschiede, ohne Verpflichtungen."[46] Unterstützung erhält sie dabei von der Sozialpolitikexpertin Jane Goodall von der Sydney Western University: Sie meint, die globale Pandemie werde uns zwingen, neue Wege zu beschreiten. Ein Grundeinkommen würde Abhängigkeiten reduzieren – von Vermietern, Arbeitgebern, und Ehepartnern – und käme nicht zuletzt Frauen zugute, jener Gruppe, die die größte Last der Krise zu tragen hätten.[47]

Auch Mick und seine Frau hatten in dieser Zeit finanzielle Verluste zu erleiden, existenzbedrohend waren die Einschnitte jedoch nicht. Mick hat Ersparnisse sowie Einkünfte aus einer Pensionsversicherung, seine Frau konnte trotz der Corona-Maßnahmen weiterhin im Kulturbereich arbeiten – zumindest via Homeoffice. Die Krise hat den Australier dennoch zu einem Befürworter des Grundeinkommens gemacht. Wer vor den Buschfeuern und COVID-19 geglaubt hätte, Arbeitslosigkeit sei selbst verschuldet – oder, wie es US-Präsident Richard Nixon ausgedrückt hatte, „eine persönliche Entscheidung" –, könne sich mittlerweile vom Gegenteil überzeugen, meint Mick während eines unserer späteren Telefonate im April 2020. Sowohl Arbeitslosigkeit als auch schlecht bezahlte, prekäre Beschäftigung, erzählt er, sei zu einem Massenphänomen geworden. Jetzt sei es wichtiger denn je, Einkommen vom Erwerbsstatus zu entkoppeln. Ob nur er so denke?, frage ich Mick. „Die Meinung ist geteilt", sagt Mick. Einige hätten aufgrund der jüngsten Erfahrungen ihre Ansicht geändert. Und dann erzählt er von seinem Freund George, einem langjährigen Mitglied der Liberalen Partei Australiens: „Wir kennen uns seit Jahrzehnten und sind uns oft einig. Außer beim Grundeinkommen. George glaubt an eine Art Erbsünde, die die Menschen von Natur aus faul und egoistisch mache. Seiner Meinung nach müssten die Leute mit Belohnung und Bestrafung motiviert werden, um aus dem Bett zu kommen und etwas aus ihrem Leben zu machen. „Und du?", frage ich ihn. Nun, Mick sieht das so: Menschen sind soziale Wesen, deren größtes Glück und größte Erfüllung darin besteht, einen Beitrag für andere zu leisten. Viele der sozialen Probleme treten dann auf, meint er, wenn Menschen, aus welchen Gründen auch immer, nicht in der Lage sind, einen Beitrag zu leisten, oder wenn ihr Beitrag nicht anerkannt wird. „Nachdem bezahlte Arbeit die einzige sichtbare Messlatte für den Beitragswert in unserem Wirtschaftssystem ist, können immer weniger Menschen daran tatsächlich teilnehmen. Das führt zu einer wachsenden Kluft zwischen Arm und Reich, zu ausbeuterischen Arbeitsverhältnissen, der Gig-Economy, und unbezahlten Praktikanten. Das wiederum führt bei vielen zu psychologischen Problemen und bei manchen sogar zum Medikamentenmissbrauch oder Selbstmord." Schließlich gibt er noch eines zu bedenken: „Ich glaube nicht, dass etwa fahrerlose Autos dazu führen, dass alle, die dann ihre Jobs verlieren, sich zu

Programmierern ausbilden lassen. Ihre Arbeitskraft wird einfach nicht mehr gebraucht werden." Die Buschfeuer, sagt Mick, hätten bloß Probleme sichtbar gemacht, deren Ursachen schon viel länger in der Gesellschaft geschwelt hätten: Digitalisierung und Automatisierung. Dazu käme eine Wirtschafts- und Sozialpolitik, die dazu beigetragen hätte, dass viele bereits vor dem Buschfeuern und der Corona-Krise nicht mehr von ihrer Arbeit leben konnten – wenn sie denn eine hatten. Mick hält seinen Freund George natürlich nicht für einen schlechtere Menschen, bloß weil er nach wie vor gegen ein Grundeinkommen ist. George habe einfach ein anderes Menschenbild – und daran scheiden sich wie so oft die Geister.

Vor allem im politisch konservativen Lager regen sich Widerstände gegen ein System, in dem Menschen „fürs Nichtstun" bezahlt werden – eine Idee, die dem liberal-konservativen Meritokratie-Versprechen, in dem jeder aufgrund seiner „Verdienste" aufsteigt und einen bestimmten Platz in der Gesellschaft einnimmt, diametral entgegengesetzt ist. Leistung muss sich lohnen, lautet das Schlagwort. Zudem befürchten sie, dass aufgrund eines staatlich garantierten und bedingungslosen Grundeinkommens viele den Anreiz verlieren würden, bezahlter Arbeit nachzugehen. Stimmt das?

## MACHT EIN BEDINGUNGSLOSES GRUNDEINKOMMEN FAUL?

Dieser Frage ist unter anderem der in Harvard lehrende Ökonom Abhijit V. Banerjee nachgegangen, der 2019 zusammen mit Esther Duflo und Michael Kremer für ihre gemeinsamen Experimente zur Armutsreduktion den Wirtschaftsnobelpreis erhielt. Banerjee analysierte Ergebnisse von sieben Studien zu staatlichen

Geldtransferprogrammen in unterschiedlichen Ländern des Globalen Südens an.[48] In diesen Untersuchungen war jeweils an Testpersonen in Honduras, Indonesien, Marokko, Mexiko, Nicaragua und den Philippinen von der jeweiligen Regierung Geld ausgezahlt worden. In manchen dieser Studien waren die Geldzahlungen von der Bereitschaft der Empfänger abhängig, ihre Kinder in die Schule zu schicken oder sie impfen zu lassen. In keiner einzigen jedoch war als Gegenleistung Arbeit – oder auch nur die Bereitschaft zur Arbeit – gefordert.

In ihrer Analyse versuchten Banerjee und seine Kollegen herauszufinden, ob jene Menschen, die Geld vom Staat bekommen hatten, nun mehr oder weniger arbeiteten. Zum Vergleich zogen sie eine Kontrollgruppe heran, die keine Zahlungen erhalten hatte. Dieses Studiendesign sollte sicherstellen, dass ein Ansteigen oder Absinken der gearbeiteten Zeit nicht von Faktoren beeinflusst wird, die nichts mit der Intervention (in diesem Fall der Bargeldzahlung) zu tun haben – etwa eine geringere Nachfrage nach Arbeitskräften aufgrund einer Wirtschaftskrise. Das Ergebnis: Die Wissenschaftler fanden keine Hinweise darauf, dass Empfänger von Geldtransfers weniger arbeiten würden als zuvor.[49]

Dieses Ergebnis scheint auch die – bisher nur bruchstückhaft vorhandene – Datenlage aus dem Globalen Norden zu bestätigen. Hier gab es zwar in den meisten Fällen einen Rückgang der gearbeiteten Stunden, doch der war äußerst gering. Zudem hatte die gesunkene Arbeitszeit in jenen Fällen, in denen eine geringere Erwerbsquote unter Erwachsenen beobachtet wurde, oft positive Gründe, etwa den längeren Verbleib von Jugendlichen im Bildungssystem. Es wurde also formal zwar weniger gearbeitet, aber mehr Zeit in Ausbildung investiert.

Mit Blick auf die empirischen Daten weist also viel darauf hin, dass es diese Faulheitsfalle schlicht nicht gibt. In manchen

Fällen versteckt sich hinter der Vermutung, ein Grundeinkommen würde zum Nichtstun animieren, auch die Überzeugung, arme Menschen seien deshalb arm, weil sie von Natur aus faul seien. Oder wie der britische Philosoph und Mathematiker Bertrand Russell in einer seiner Schriften deutlich zugespitzter formuliert: „Die Idee, dass arme Menschen Freizeit haben, hat die Reichen immer schon schockiert."[50] Philippe van Parijs, ein langjähriger Befürworter eines Grundeinkommens und Autor vielbeachteter Bücher und Artikel zum Thema, beruft sich in diesem Zusammenhang gerne auf sein „Elsa-Fornero-Gedankenexperiment".[51]

Elsa Fornero war zwischen 2011 und 2013 italienische Arbeits- und Sozialministerin. Konfrontiert mit einer Initiative, in Italien ein bedingungsloses Grundeinkommen in Höhe von 500 Euro einzuführen, meinte Fornero: „Wenn das passiert, werden die Menschen in Italien nur noch in der Sonne liegen und Pasta essen." Aber von wem sprach die Politikerin da? Vermutlich nicht von sich selbst, meint van Parijs. Denn 500 Euro würden wohl kaum dafür reichen, den Lebensstil der Ministerin zu finanzieren – es sei denn, sie könnte auf Ersparnisse zurückgreifen. Was aber wäre bei einem Grundeinkommen in Höhe von 5.000 Euro? Selbst in diesem Fall, so argumentiert der belgische Autor, sei es unwahrscheinlich, dass die Ministerin ihren Dienst quittieren würde. Warum? Weil es sich um einen sinnerfüllten und prestigeträchtigen Job handelt. Was würden aber der Mann oder die Frau tun, die Forneros Haus reinigen? Vielleicht würden sie, wenn sie ein bedingungsloses Grundeinkommen bekämen, weniger arbeiten und dafür mehr Zeit mit ihren Kindern zu verbringen. Das würde dazu führen, dass ihnen die Ministerin entweder mehr zahlen müsste, damit sie bereit sind, mehr zu arbeiten. Oder Fornero und ihre Familie müssten selbst mehr Hausarbeit übernehmen. Beide Szenarien sind für van Parijs besser als der Status quo: Ein Grundeinkommen, so sein Fazit, habe in jedem Fall den positiven Effekt, konkret, die Verhandlungsposition von einkommensschwächeren Menschen zu verbessern, weil sie nicht allein auf das Geld ihrer Arbeitgeber angewiesen sind. Es erhöht also die Freiheit. Oder?

„George würde Nein sagen", meint Mick trocken. „Das ist ja nur eine scheinbare Freiheit. Echte Freiheit bekommt man mit Geld nicht. Oder anders gesagt: Wenn ich ein schlecht ausgebildeter Mensch bin, werde ich nicht freier, wenn ich zwischen Zuhausebleiben und einem schlecht bezahlten Job in einem Fast-Food-Restaurant wählen kann."

Der Begriff Freiheit ist ein wichtiger Aspekt, wenn es um das bedingungslose Grundeinkommen geht. Schließlich haben ja unterschiedliche Menschen unterschiedliche Vorstellungen davon, was genau Freiheit ausmacht. Bevor wir uns jedoch diese individuellen Zugänge genauer ansehen, wenden wir uns noch einmal der Wissenschaft zu, konkret einem Bereich, der bereits eine Fülle an Antworten auf die Frage nach dem Verhältnis zwischen Mensch und Arbeit liefert. Antworten auf Fragen wie: Sind wir von Geburt an faul? Welche Rolle spielen Familie und Schule, um uns zu „nützlichen" Bürgern zu machen? Oder wollen Menschen von Natur aus nützlich sein und ihren Beitrag zur Gesellschaft leisten? Zeit, einen genaueren Blick auf die entsprechenden Forschungsergebnisse zu werfen.

## DIE GROSSEN FÜNF

Wenn Psychologen, Hirnforscher oder Verhaltensgenetiker von „den großen Fünf" sprechen, meinen sie fünf zentrale Charaktereigenschaften – Offenheit, Gewissenhaftigkeit, Extraversion,

Verträglichkeit und Neurotizismus, also die Grundzüge unserer Persönlichkeit. Sie dienen als Überbegriffe für unterschiedliche feinkörnigere Persönlichkeitsmerkmale. Jeder Mensch könne anhand dieser „großen Fünf" charakterisiert werden, speziell wie stark oder schwach jedes einzelne Merkmal in uns ausgeprägt ist. Darauf basierend lässt sich ein individuelles Persönlichkeitsprofil erstellen. Meine südafrikanische Kollegin Timna, auch sie ist Sozialwissenschafterin, beschreibt sich selbst ungefähr so: Ihre Offenheit ist sehr hoch, sie ist neugierig und erfinderisch und immer auf der Suche nach Abenteuern. Stillsitzen kann sie nicht gut. Timnas Extraversion ist relativ hoch: Sie liebt es, sich mit anderen Menschen auszutauschen. Ihre Gewissenhaftigkeit ist hingegen weniger stark ausgeprägt: Sie ist hedonistisch und macht lieber das, was ihr Spaß macht, und nicht das, was sie tun muss – auch wenn andere davon abhängig sind. Als besonders neurotisch sieht sich Timna ebenfalls nicht: Was die Leute von ihr denken, ist ihr ziemlich egal. Schuldgefühle hat sie fast nie. Ihre Verträglichkeit ist mittelhoch: Obwohl sie sich nach außen oft „cool" gibt, ist sie in Wahrheit ein harmoniebedürftiger Mensch und ihrer Familie und Freunden gegenüber loyal und treu.

Nun wurde Timna nicht bloß durch ihre Sozialisation und ihre Umgebung zu dem Menschen gemacht, der sie ist, schließlich werden die fünf Persönlichkeitsmerkmale bis zu einem gewissen Grad von Vererbung beeinflusst. Das hat man in Zwillingsstudien herausgefunden, bei denen der Unterschied zwischen eineiigen und zweieiigen Zwillingen analysiert wurde. Eineiige Zwillinge besitzen das gleiche Genmaterial und teilen damit 100 Prozent ihrer Erbinformation. Zweieiige Zwillinge haben hingegen genauso viel bzw. genauso wenig identisches Erbmaterial wie „normale" Geschwister – ungefähr 50 Prozent. Wenn zum Beispiel von Tausenden untersuchten Zwillingspaaren die eineiigen

Zwillinge immer dieselbe Augenfarbe haben, während zweieiige manchmal unterschiedliche aufweisen, deutet das darauf hin, dass die Augenfarbe zu einem sehr hohen Anteil vererbt wird. Nach demselben Prinzip funktionieren auch die Studien zu Persönlichkeitsmerkmalen: Wenn unter eineiigen Zwillingspaaren entweder fast immer beide gewissenhaft oder immer beide extrovertiert sind, während es unter zweieiigen Zwillingspaaren größere Unterschiede gibt, deutet das darauf hin, dass diese Merkmale stark vererblich sind.[52] Und diese Erblichkeit liegt bei den „großen fünf" Persönlichkeitsmerkmalen – je nach dem spezifischen Merkmal – bei 40 bis 60 Prozent. Eine Erblichkeit von 100 Prozent würde bedeuten, dass alle Unterschiede, die wir beobachten, genetisch bedingt sind. Eine Erblichkeit von null Prozent hingegen, dass die beobachteten Unterschiede überhaupt nicht genetisch erklärbar sind.

Die „Großen Fünf" sind nicht nur zu einem relativ hohen Grad vererbbar, sie bleiben auch über das gesamte Leben hinweg relativ stabil.[53] Das bedeutet natürlich nicht, dass ein gewissenhafter Mensch niemals faul sein wird. Ist jedoch sein „Normalwert" für Gewissenhaftigkeit tendenziell hoch, wird es sich wahrscheinlich eher um eine Phase als um einen Dauerzustand handeln.

Angesichts dieser Erkenntnisse ließe sich nun sagen, dass sowohl George als auch Mick Recht haben: Menschen wie meine Kollegin Timna, die abenteuerlustig und wenig gewissenhaft ist, würden mit einem Grundeinkommen wohl lieber Klettern, Schifahren oder auf eine Reise gehen, als in einem Geschäft zu stehen oder im Büro zu sitzen. Bei anderen, die sehr gewissenhaft und vielleicht auch noch sehr verträglich sind, könnte man hingegen vermuten, dass selbst ein bedingungsloses Grundeinkommen sie nicht davon abhalten würde, hart zu arbeiten und ein nützliches

Mitglied der Gesellschaft nach konventionellen Kriterien zu sein. Oder?

So einfach ist es leider nicht. Timna zum Beispiel würde ihre Arbeit trotz ihrer wenig ausgeprägten Gewissenhaftigkeit niemals aufgeben: Ihre Forschung ist für sie der Ort, an dem sie ihre Neugier ausleben und neue Menschen und neue Perspektiven kennenlernen kann. Nun ist Timna als Wissenschafterin ziemlich privilegiert: Sie kann sich aussuchen, woran sie forscht, und ihre Arbeitszeit relativ frei gestalten. Ihren Job jedoch würde sie – wie wohl auch die italienische Sozialministerin Elsa Fornero – selbst dann nicht aufgeben, wenn sie mehrere Tausend Euro Grundeinkommen bekäme.

Timnas Beispiel zeigt, dass die Persönlichkeitsmerkmale einer Person nicht vorgeben, ob sie ein nützliches Mitglied Gesellschaft wird oder nicht – oder ob sie gerne und viel arbeitet. Dies hängt vielmehr davon ab, wie diese Arbeit gestaltet ist und was sie den Menschen „zurückgibt". Müsste Timna in einem Call-Center sitzen, in dem ihr andere Leute anschaffen, was sie zu tun hat, während sie den ganzen Tag auf einen Bildschirm und die graue Pinnwand dahinter starrt, würde sie diesen Job im Fall eines Grundeinkommens wahrscheinlich aufgeben. Aber auch ein Mensch, der „von Natur aus" gewissenhaft ist und dem es schwerfällt, einmal auch nichts zu tun, würde vermutlich einen frustrierenden Beruf aufgeben, wenn er über ein Grundeinkommen abgesichert wäre. Stattdessen würde er sich vielleicht weiterbilden, um später einer anderen Tätigkeit nachzugehen, oder Biogemüse aus dem eigenen Garten verkaufen. Er würde in irgendeiner Form tätig sein – und gewiss nicht bloß faul in der Hängematte liegen.

## IST FAULHEIT ERLERNT –
## ÜBER GENERATIONEN?

Obwohl die Neigung zur Arbeitsvermeidung – wie alle Persönlichkeitsmerkmale – auch eine genetische Komponente hat, gibt es viele andere Faktoren und Lebensumstände, die dazu führen, dass Menschen arbeiten wollen – wie der Wunsch nach sozialem Status, Anerkennung, Abwechslung, und Selbstbestimmung. Zudem haben Menschen auch andere Eigenschaften, die im Persönlichkeitsprofil eine viel größere Rolle spielen als etwa im konkreten Fall der Hang zum Müßiggang. Allerdings – so wendet der George in meinem Kopf ein – kann Faulheit vielleicht auch erlernt werden. Wenn man in einer Familie aufwächst, die von der Sozialhilfe lebt und niemand einer geregelten Arbeit nachgeht, würde man das Nichtstun nicht regelrecht erlernen? Dieses Argument taucht nicht zuletzt in sozialpolitischen Debatten auf, in Deutschland etwa werden in diesem Zusammenhang vor allem die sogenannten Hartz-IV-Empfänger ins Treffen geführt.

So weit, so kompliziert. Per Definition handelt es sich bei den Empfängern dieser Leistungen um „erwerbsfähige Hilfsbedürftige", was bedeutet, dass sie aus Sicht des Staates eigentlich arbeiten könnten – wenn sie einen Job fänden, oder, wie einige behaupten, wenn sie arbeiten wollten. Laufen diese Menschen tatsächlich Gefahr, das süße Nichtstun zu erlernen?

In diesem Fall ist die Antwort relativ einfach: Dieser Effekt lässt sich schlicht nicht nachweisen. Was auch alle einschlägigen Studien bestätigen. So hat zum Beispiel Tracy Shildrick von der nordenglischen Newcastle University nachgewiesen, dass die vermutete „Kultur der Arbeitslosigkeit", die über Generationen weitergegeben wird, nicht existiert.[55] Stattdessen können

## HARTZ IV IN DEUTSCHLAND

Im Jahr 2020 bezogen in Deutschland durchschnittlich 3,9 Millionen Menschen Hartz IV. Die Landeszentrale für politische Bildung führt dazu aus: Das Arbeitslosengeld II und das Sozialgeld sind Teil der Leistungen zur Sicherung des Lebensunterhalts und damit Teil der Leistungen zur Sicherung eines menschenwürdigen Existenzminimums. Hartz-IV-Anspruch haben Personen ab dem 15. Lebensjahr, die erwerbsfähig sowie hilfebedürftig sind und ihren gewöhnlichen Aufenthalt in Deutschland haben, sowie Kinder, die in der Bedarfsgemeinschaft mit den Leistungsberechtigten leben.[54]

Der Regelsatz für Hartz IV beträgt zurzeit 432 Euro pro Monat für alleinstehende und alleinerziehende Personen. Menschen, die in Partnerschaften leben, bekommen 389 Euro, wenn beide volljährig sind 345 Euro gibt es für erwachsene Leistungsberechtige über 25 Jahre, die im Haushalt anderer Personen leben, 328 Euro für Kinder in der Bedarfsgemeinschaft im Alter zwischen 15 und 18 Jahren. Kinder im Alter zwischen 6 und 14 Jahren erhalten 308 Euro und Kinder bis zu 6 Jahren 250 Euro (dies wird in diesem Fall Sozialgeld genannt).

Zusätzlich zu diesen Regelsätzen sowie zu Wohn- und Heizkosten werden beim ALG II noch Beiträge zur Kranken- und Pflegeversicherung, Sozialgeld für Kinder, Kindergeld, ein Bildungspaket (inkludiert zum Beispiel Mittagessen, Lernförderung, persönlichen Schulbedarf) sowie Zuschüsse für Schwangere, einmalige Zuschüsse für Babyerstausstattung sowie für Mobiliar und ein Mehrbedarf für Behinderte geleistet.

in den von ihr beforschten Gegenden im Vereinigten Königreich andere, strukturelle Gründe verantwortlich gemacht werden. So gibt es im ehemals hochindustrialisierten Norden des Landes heute fast keine Industrie mehr. Studien in anderen Teilen der Welt zeigen ähnliche Ergebnisse. Was allerdings die Frage offen lässt: Warum ist die Idee, dass Faulheit erlernt und an die Kinder und Enkel weitergegeben wird, so weit verbreitet?

## ALLES EINE FRAGE DER IDEOLOGIE?

Wenn nun aber Faulheit nicht angeboren ist, und wenn sich der „innere Schweinehund" selbst dann überwinden lässt, wenn man zu Persönlichkeitsmerkmalen neigt, die einem das erschweren: Warum gibt es dann dieses Vorurteil, Menschen würden nicht arbeiten wollen, wenn sie nicht von einem Einkommen abhängig wären? Weshalb müssen sie, sozusagen mit der Karotte vor der Nase, immer wieder zur Arbeit animiert werden, um sie davon abzuhalten, am Strand zu liegen und andauernd Spaghetti zu essen?

Auch hier hat die Wissenschaft eine Erklärung parat: Ideologie. Die spielt zumindest eine wichtige Rolle. Wer und was für Arbeitslosigkeit und Armut verantwortlich ist, hat einiges mit der individuellen politischen Einstellung zu tun – und mit dem jeweiligen wirtschaftlichen und politischen System, in dem man lebt. Der amerikanische Soziologe Joe Feagin war einer der Ersten, der in den 1970er Jahren in den USA empirisch untersuchte, welche Faktoren Menschen als Ursachen für Armut sehen.[56] Einige machten dafür strukturelle Ursachen wie Jobmangel, soziale Benachteiligung oder fehlende Bildungschancen verantwortlich. Andere dachten, dass Glück oder Pech eine große Rolle spielen. Der Großteil der Amerikaner, fand Feagin heraus, machte jedoch die Betroffenen selbst für ihre Armut und Arbeitslosigkeit verantwortlich. Bloß: Bei einer ähnlichen Studie in Kanada kam erstaunlicherweise das Gegenteil heraus. Dort machten die meisten Befragten strukturelle Faktoren verantwortlich, etwa schlecht bezahlte Jobs oder fehlende Arbeitsplätze.

Weitere Studien in anderen Ländern folgten, bis sich schließlich ein klareres Bild ergab und dieser Widerspruch zumindest zum Teil erklärt werden konnte: Es zeigte sich, dass die Antwort auf die Frage nicht zuletzt davon abhängt, wie sich die Befragten ideologisch verorten. Konkret neigten Konservative viel eher als „Liberale" dazu, Armut auf individuelle Faktoren wie Faulheit oder fehlende Motivation zurückzuführen. („Liberal" ist im amerikanischen Kontext ein Überbegriff für alle, die nicht politisch konservativ sind; wirtschaftspolitisch würden sie in weiten Teilen Europas wohl als konservativ gelten.) Die Gründe dafür sind vielfältig: Für konservative Menschen, die einem religiösen Glauben anhängen, der wirtschaftlichen Erfolg als Resultat von Fleiß oder gar als göttliche Belohnung eines tugendreichen Lebens sieht, ist es klar, in Armut einen moralischen Makel zu sehen. Politisch links stehende Menschen hingegen neigen eher dazu, die Unterdrückung und Ausbeutung der Massen verantwortlich zu machen. Zudem, so argumentierten manche Wissenschaftler[57], sei es auch logisch, dass politisch konservative Menschen die Ursache von Armut in individuellen Verfehlungen sehen müssen: Wenn sie die Schuld bei ökonomischen, politischen oder sozialen Umständen sähen, müssten sie diese ja ändern. Und genau das wollen konservative Menschen ja nicht – schließlich stehen sie Veränderungen in aller Regel skeptischer gegenüber.

Kurzum: Faulheit ist nicht angeboren und nur sehr eingeschränkt erlernt. Vielmehr hängt die Antwort auf die Frage, ob Menschen ohne das Zuckerbrot eines Einkommens – oder nur angesichts der drohenden Peitsche der Armut – arbeiten würden oder nicht, stark vom jeweiligen Weltbild ab. Sie liegt im Auge des Betrachters.

Dieser Zusammenhang mit den jeweiligen ideologischen Einstellungen hat nicht zuletzt greifbare Folgen: Der bereits erwähnte Harvard-Ökonom Abhijit V. Banerjee etwa zeigte in einer seiner Studien[58], dass es in Ländern, in denen die Überzeugung vorherrscht, eine bedingungslose finanzielle Unterstützung halte Menschen vom Arbeiten ab, tendenziell weniger und geringer dotierte Sozialhilfeprogramme gibt. Die Gründe sind wahrscheinlich politischer Natur: Zum einen gibt es die Sorge, die Menschen würden weniger Erwerbsarbeit leisten, wenn sie dank einer Grundsicherung einfach so Geld erhielten. Zum anderen wird vonseiten der Politik befürchtet, die zusätzlichen staatlichen Grundsicherungs- oder Transferleistungen würden die Menschen von der Erwerbsarbeit abhalten, weil sie so bestimmte Einkommensgrenzen überschreiten würden und folglich höhere Steuern zahlen müssten. Und um diese zu vermeiden, würden viele eben gar nicht arbeiten – so die Vorurteile der Politiker.

## DAS ENDE DER VERZWEIFLUNG
## ALS GESCHÄFTSMODELL

Ist es also bloß Ideologie, die Mick und George voneinander trennt? Und erklärt die, warum Mick jetzt für ein Grundeinkommen ist und George nicht? Zumindest zum Teil ist es so. Doch was würde sich – abseits von Ideologien, der Haltung zu Faulheit und Fleiß – noch alles ändern, wenn es ein Grundeinkommen gäbe? Konkret in Australien? Hätte sich die Situation der Menschen, die durch Corona ihren Job verloren haben, zum Positiven verändert? Oder wären sie in einem Land, in dem die Mieten so hoch sind und die Kinderbetreuung so viel Geld kostet, nicht ohnehin in die finanzielle Krise geschlittert?

Knifflige Was-wäre-wenn-Fragen seien das, meint Mick, die sich natürlich nicht so einfach beantworten ließen. Allein: Gäbe es in Australien jetzt schon ein bedingungsloses Grundeinkommen, davon ist er überzeugt, wäre tatsächlich einiges anders. Die Regierung hätte nicht viele Milliarden Dollar in befristete

Notmaßnahmen stecken müssen, die kaum oder gar nicht nachhaltig sind, vor allem aber vielen Bedürftigen nicht effektiv helfen. Manche Menschen, glaubt Mick außerdem, die vor Corona in Restaurants gearbeitet und dann ihren Job verloren haben, hätten mit einem Grundeinkommen vielleicht schon vorher etwas anderes gemacht: Sie hätten sich mehr der Familien gewidmet oder eine kleine Landwirtschaft betrieben. Dann wären die Mieten und Wohnungspreise in den Ballungsräumen auch nicht so hoch, weil nicht alle in jenen Zentren leben würden, in denen es auch die meisten Arbeitsplätze gibt. Es gäbe weniger Pendler und so vielleicht auch weniger Autos. Die Effekte eines Grundeinkommens, so Mick, hätten vielleicht sogar einen Systemwandel bewirkt: Eben weil sich der Wert eines Menschen nicht nur daran bemessen würde, ob er erwerbstätig oder erwerbslos ist. Oder weil sich so aufgrund der geringeren Belastung die psychische und physische Gesundheit der Bevölkerung verbessern ließe.[59] Und vor allem Geschäftsbranchen wie Kreditbüros oder Zeitarbeitsfirmen keinen Profit mehr aus den finanziellen Nöten der Menschen ziehen könnten. Wenn niemand mehr in Armut leben müsste, sagt Mick, wäre dies das Ende der Verzweiflung als Geschäftsmodell.

Das wär' doch was, oder?

· · · · ·

# KAPITEL 5

# MENSCH ODER KOSTENFAKTOR?

## DER WERT DER ARBEIT

Ayse ist Architektin – das wollte sie schon immer werden. Bereits im Kleinkindalter baute die Amsterdamerin Häuser aus Streichholzschachteln, im Zeichenunterricht bewies sie früh Talent für Proportionen und Perspektive. Ihre Eltern und Geschwister konnten über ihre Obsession für Gebäude und Formen nur staunen – in Ayses gesamter Verwandtschaft gibt es keinen einzigen Architekten. Ihr Vater hatte ein kleines Lebensmittelgeschäft in der Nähe des Vondelparks, in dem ihre Mutter immer wieder aushalf, sich ansonsten aber um die Kinder kümmerte. Heute sind Ayses Eltern vor allem liebevolle und geduldige Babysitter ihrer Enkelkinder.

Ihre ältere Tochter ist gerade acht geworden, die jüngere wird vier. Gemeinsam mit den Kindern und ihrem Mann Maarten lebt sie in einer ruhigen, bei hippen jungen Familien beliebten Gegend, dem östlichen Hafengebiet. Längst gibt es in dem Stadtteil keinen Hafen mehr: Wo früher riesige Lagerhallen und Verladestellen für die ankommenden Schiffe waren und die Übersee-Emigranten auf ihre Passage warteten, stehen heute moderne Reihenhäuser, deren teils außergewöhnliche Fassaden Architektur-Magazine in aller Welt zieren.

Eine solide, wohlhabende Nachbarschaft also, in die Ayse und Maarten wie selbstverständlich passen. Das Paar ist in vielerlei Hinsicht typisch für diesen Stadtteil. Beide arbeiten Teilzeit, um sich Kosten für die Kinderbetreuung zu sparen, die in den Niederlanden relativ hoch sind[60], und um mehr Zeit für die Familie zu haben. In anderer Hinsicht typisch ist, dass die 38-jährige Ayse mehr Zeit zu Hause verbringt als Maarten: Jede Woche kümmert sich Ayse zweieinhalb Tage um die Kinder, Maarten einen. Zusätzlich springen bei Bedarf Oma und Opa ein.

Ayse liebt ihre Mädchen. Dennoch ist für sie die Familienarbeit eine ungleich größere Last als die Arbeit im Büro. „Dort mache ich das, was ich ohnehin gern tue. Ich kann kreativ sein und ab und zu auch einen verrückten Gedanken umsetzen." Die meisten ihrer Kunden, sagt sie, seien offen und respektvoll. Aber selbst wenn sie im Job einmal an eine schwierige Person gerate oder knifflige Aufträge zu erfüllen habe, sei das kein Vergleich zu den daheim anfallenden Tätigkeiten. „Ich bin keine geborene Köchin. Ich bringe es hinter mich, weil ich muss. Aber es stresst mich. Und es stresst mich noch viel mehr, wenn Maarten an seinem Familientag ein tolles Essen kocht, nebenbei mit der Großen Hausaufgaben macht und mit der Kleinen Karten spielt. Einfach so, mit links. Das kann ich nicht." So sei das mit so ziemlich allen Aufgaben, die im Haushalt anfallen. „Wenn es nur nach meiner persönlichen Anstrengung ginge, sollte ich eigentlich für die Arbeit daheim bezahlt werden, und nicht für die Zeit, in der ich im Büro bin. Dort geht mir alles ungleich leichter von der Hand."

Zudem sei auffallend, dass Maarten, obwohl er weniger Zeit mit den Kindern verbringt, viel mehr Anerkennung dafür bekomme. Ayse hingegen, die sich in den vergangenen zehn Jahren in der Architektur-Szene einen Namen gemacht hat, holt sich Wertschätzung und Lob hauptsächlich über ihren Beruf. Dennoch sehen die meisten Menschen ihre Arbeit als Mutter, Einkäuferin, Köchin und Büglerin als selbstverständlich an – während Maarten sogar von Ayses Eltern gelobt wird, wenn er den einen Tag zuhause bei den Kindern bleibt. Kurzum: Arbeit ist nicht immer das, was man selbst oder andere als solche empfinden. Irgendwas scheint mit dem Begriff Arbeit nicht zu stimmen. Aber was?

## WIE EINE GEWOHNHEIT ZUM STANDARD WURDE

Wenn wir unter Arbeit alle Tätigkeiten verstehen, mit denen Menschen einen Beitrag für andere oder zum Funktionieren der Gesellschaft leisten, lässt sich menschliches Leben ohne Arbeit nicht denken. Dann gehört Reproduktionsarbeit – also jene Betätigung, die man jeden Tag neu verrichten muss, um etwas zu essen zu haben und die Familie zu erhalten – genauso dazu wie kreative oder handwerkliche Tätigkeiten. Viele Menschen denken jedoch an etwas ganz Spezifisches, wenn sie von „Arbeit" sprechen: In weiten Teilen der westlichen und industrialisierten Welt wird Arbeit heute mit Erwerbsarbeit gleichgesetzt. Ein arbeitender Mensch ist jemand, der in der Früh ins Büro, in eine Fabrik oder auf eine Baustelle geht, dort eine Tätigkeit erfüllt, und am Abend wieder nachhause zurückkommt.

Auch wenn diese Grenzen zwischen Heim- und Büroarbeit seit der Corona-Krise etwas verschwommen sind, läuft es in weiten Teilen der Welt so ab, wie von Ayse beschrieben: Bezahlt wird für die Erwerbsarbeit außer Haus – egal ob man selbständig ist oder angestellt. Für die Reproduktionsarbeit in den eigenen vier Wänden jedoch nicht. Und das macht Letztere so gut wie unsichtbar, und damit buchstäblich wert-los.

Folglich scheint sie nicht in den volkswirtschaftlichen Statistiken auf und spielt auch für die Berechnung des Bruttoinlandsproduktes (BIP) keine Rolle. Letzteres wurde vor etwa achtzig Jahren vom russisch-amerikanischen Ökonomen und Nobelpreisträger Simon Kuznets erfunden, um möglichst die gesamte Wirtschaftsleistung eines Landes zu erfassen. Am besten, so dachte man damals, würde sich dafür der in Geld bemessene Wert aller Güter und Dienstleistungen eignen, die in einem Land in einem Jahr produziert worden waren. Seitdem ist das BIP nicht nur zur Standard-Messgröße der volkswirtschaftlichen Wirtschaftsleistung geworden, sondern wird von vielen als der wesentliche Indikator für Wohlstand gesehen – was ihm noch größeres politisches Gewicht verlieh. Obwohl er kein passender Indikator für Wohlstand ist und selbst bei der Messung der Wirtschaftsleistung einige Probleme bereitet: So kann sich etwa Umweltverschmutzung positiv auf die Wirtschaftsleistung eines Landes auswirken, wenn für medizinische Versorgung von Personen mit Atembeschwerden, die Reinigung von Straßen oder die Entsorgung von Müll Geld aufgewendet wird. Sogar Naturkatastrophen können positiv zu Buche schlagen.[61] Ein bizarrer Umstand, auf den Ökonominnen wie Kate Raworth[62] von der Universität Oxford oder Mariana Mazzucato[63] vom University College London hingewiesen haben. Das eigentliche Problem jedoch ist, dass zur Berechnung des BIP nur jene Güter und Dienstleistungen erfasst werden, die verkauft oder gekauft wurden. Alles, wofür kein Geld fließt, wird in dieser Kalkulation nicht erfasst. Ein Beispiel: Wer eine Haushaltshilfe anstellt und sie dafür ordentlich bezahlt, steigert das Bruttoinlandsprodukt. Wenn er oder sie diese Haushaltshilfe jedoch heiratet und danach nicht mehr bezahlt, verschwindet diese Arbeitsleistung aus der BIP-Statistik. Die unbezahlte Hilfe des haushaltsführenden Ehepartners wird buchstäblich unsichtbar.

Kindererziehung, das Putzen des Badezimmers und Kochen von Mahlzeiten gilt also in der Berechnung der Wirtschaftsleistung nur dann als Arbeit, wenn diese Tätigkeiten gegen Bezahlung erledigt werden. Ist das erst seit der Erfindung des Bruttoinlandsproduktes so? Und wie war es vorher?

## VOM MITMENSCHEN ZUM KOSTENFAKTOR

Die Wiener Historikerin Andrea Komlosy[64] setzt sich in ihrer Forschung intensiv mit der Geschichte des Arbeitsbegriffs auseinander. Dabei legt sie ihren Fokus nicht nur auf die Entwicklung – und Wahrnehmung – seiner unterschiedlichen Formen in Europa, sondern sie bezieht auch die Veränderungen in anderen Teilen der Welt mit ein. Diese Transformation macht Komlosy an folgenden historischen Wegmarken fest: Zur Mitte des 13. Jahrhunderts bildete sich in vielen städtischen Regionen Europas erstmals ein handwerksorientierter Arbeitsbegriff heraus, der im Gegensatz zu landwirtschaftlicher Arbeit stand, weil er stärker ausdifferenzierte Kenntnisse und Fertigkeiten erforderte und auch weniger auf unfreier Arbeit basierte: Wer ein Handwerk erlernt hatte, war in der Regel ein freier Mann. Zugleich fand eine stärkere überregionale Vernetzung statt, die einen stärkeren Austausch von Gütern nach sich zog. Dieser verlief in der Folge allerdings nicht immer friedlich. Raub, Plünderung und die Entführung von Fachkräften aus den eroberten und beherrschten Regionen führte, so die Historikerin, zu einer Art unfreiwilliger, „überregionaler Arbeitsteilung": Im kolonialen Zeitalter förderten Indigene und Sklaven jene Rohstoffe, die in den Wirtschaftszentren Westeuropas weiterverarbeitet und veredelt wurden – während andere Teile der „Alten Welt", nämlich Osteuropa, weiterhin landwirtschaftlich geprägt blieben. Die Handwerkskunst erfuhr in der Folge aber nicht nur in Westeuropa eine Hochblüte, sondern auch in Asien. „Made in China" hatte eine vollkommen andere Bedeutung als heute.

Ein weiteres wichtiges Datum, das Komlosy in ihrer Globalgeschichte des Arbeitsbegriffs hervorhebt, ist das Jahr 1800, das gleich für mehrere Transformationen steht. Eine davon war die industrielle Revolution, in der technische Innovationen wie die Dampfmaschine für die Produktfertigung nutzbar gemacht wurden. Dies brachte Westeuropa einen Wettbewerbsvorteil gegenüber anderen Weltregionen. Für die Bevölkerung jedoch war das ein tiefer Einschnitt in traditionelle Lebensformen: Die Zentren der Fertigung waren nun nicht mehr länger kleine Werkstätten oder Manufakturen, sondern große Fabriken, in denen diese Maschinen betrieben wurden. Damit, so Komlosy, verlagerte sich die Lohnarbeit in die Ballungszentren, in denen die Industriebetriebe standen, was wiederum Urbanisierung und Landflucht Vorschub leistete. Damals wurde dem Begriff der Lohnarbeit erstmals jener Stempel aufgedrückt, den sie heute noch trägt: Man ging morgens aus dem Haus, um für Geld Produkte zu erzeugen, die jemand anderem gehörten, und kehrte abends wieder zurück. Gleichzeitig wurde so die Trennung in Arbeit und Freizeit endgültig vollzogen – obwohl den Fabrikarbeitern von Letzterer oft wenig zur Verfügung stand. Aufgrund der stärker differenzierten Arbeitsteilung wurden die Werktätigen zunehmend ersetzbar, bis schließlich aus einem Mitmenschen ein Kostenfaktor geworden waren. Und die Tätigkeit selbst wurde zum Produktionsfaktor, was in weiterer Folge bedeutete, dass ihr Wert nach ihrem ökonomischen Effekt bemessen wurde.[65] Es ging nicht mehr darum, die Existenz zu sichern, sondern möglichst viel Kapital zu akkumulieren.[66]

Mit der Trennung zwischen Arbeits- und Wohnort, die an der Wende zum 20. Jahrhundert einzementiert wurde, ging auch eine stärkere Unterscheidung zwischen Produktions- und Reproduktionsarbeit einher. Das, was außerhalb des Hauses stattfand und Geld einbrachte, war die Erwerbsarbeit – und diese wurde typischerweise vom Familienoberhaupt, dem Ehemann und Familienvater, verrichtet. Die Tätigkeiten innerhalb des

Hauses wurden zur Domäne der „Hausfrau", eine Bezeichnung, die im Mittelalter für die Vorsteherin einer Hausgemeinschaft stand. Diese bedeutsame und aktive soziale Funktion verkam im 20. Jahrhundert zu einem Sammelbegriff für eine neue, unsichtbare Kaste: Als Hausfrau wurden Frauen bezeichnet, die „nur" zu Hause waren, die „nicht arbeiteten". Doch dieser verengte Blick, betont Andrea Komlosy, ließ völlig die Wertschöpfung außer Acht, die aus der „Vielfalt der lebenserhaltenden, Einkommen schaffenden und Einkommen unterstützenden Tätigkeiten" entstand.[67] Weil die Erwerbsarbeit außer Haus zum Inbegriff von Arbeit geworden war, war alles andere plötzlich weniger wert.

## DIE UNSICHTBARE ARBEIT DER FRAUEN

Die Trennung von Erwerbsarbeit und Reproduktionsarbeit und der Umstand, dass Erstere den Männern und Letztere den Frauen zugeschrieben wurde, hat in der Folge ein Eigenleben angenommen, das bis heute gesellschaftliche und ökonomische Vorstellungen beeinflusst. So werden in vielen Ländern typisch weibliche Tätigkeiten bis heute nicht als Arbeit gesehen. Im Extremfall werden sie als ein „natürliches Bedürfnis der Frau" erachtet.

Mittlerweile gibt es weltweit Bestrebungen zur Sichtbarmachung des wirtschaftlichen Wertes der Reproduktions- und Pflegearbeit. In Deutschland etwa gibt es sogar Zahlen, hier wird der wirtschaftliche Wert von Hausarbeit auf nicht weniger ein Drittel der im BIP ausgewiesenen Wertschöpfung geschätzt.[68] Grundsätzlich aber ist Arbeit an sich noch immer noch stark von einem männerdominierten Erwerbsarbeitsbegriff geprägt: siehe etwa die Normalarbeitszeit, die an einem stereotypen männlichen Lebensentwurf ausgerichtet ist – und die dazu beiträgt, dass so viele Frauen Teilzeit arbeiten. So ist es vielen jungen Müttern zum Beispiel nicht möglich, fünf Tage die Woche von neun bis fünf Uhr in einem Büro zu sitzen (obwohl sie oft viel mehr als 40 Stunden in der Woche arbeiten). Die durchschnittlich höhere Bezahlung in Berufsparten, in denen mehr Männer als Frauen tätig sind, kann ebenfalls als Beleg herangezogen werden. Insgesamt arbeiten Männer häufiger in technischen Berufsfeldern, die besser bezahlt werden als der vorrangig mit Frauen besetzte soziale Dienstleistungssektor. Dabei handelt es sich vor allem um Teilzeitstellen mit – im Vergleich etwa zum vorrangig männlich besetzten IT-Bereich – ungleich schlechteren Konditionen. Selbst in Sparten, in denen Frauen die Mehrheit bilden und einen höheren Ausbildungsgrad aufweisen, wie zum Beispiel bei Bürotätigkeiten, ist ihr Durchschnittsgehalt niedriger. Dieses Muster zieht sich durch alle Sektoren.[69]

Es ist also nicht haltbar, die unterschiedliche Bezahlung damit abzutun, dass Frauen „freiwillig" weniger arbeiten würden oder schlechter ausgebildet seien. Sie arbeiten im Durchschnitt mehr als Männer, nur sind ihre Tätigkeiten im Schnitt schlechter bezahlt oder bleiben gänzlich unvergütet.[70] Der Begriff der strukturellen Diskriminierung scheint hier zuzutreffen – also eine Ungleichbehandlung, die nicht notwendigerweise auf bewussten Vorurteilen gegen Frauen beruht, sondern die in politische, wirtschaftliche und ökonomische Institutionen und Praktiken „eingeschrieben" ist und die auch dann diskriminierend wirken, wenn niemand eine Schlechterstellung beabsichtigt. Ein solcher struktureller Sexismus, wie es in der Fachsprache heißt, ist auch in unsere Sprache eingeschrieben: Wenn man schon als kleines Mädchen hört, dass „Frauen und Technik" nicht zusammengehen, ist es nicht verwunderlich, in technischen Berufen weniger Frauen als Männer anzutreffen. Und wenn zudem das Wort „Fremdbetreuung" bei der Obsorge von Kindern einen negativen Beigeschmack hat, werden sich viele Frauen, die nicht bezichtigt werden wollen, eine „Rabenmutter" zu sein, eher dafür entscheiden, zu Hause oder länger in der Teilzeitarbeit zu bleiben – was insgesamt wieder dem typischen Bild des arbeitenden Menschen Vorschub leistet, der von morgens bis abends einer Erwerbstätigkeit außer Haus nachgeht.

## BESCHÄFTIGUNGSVERHÄLTNISSE: WAS IST SCHON NORMAL?

Nun ließe sich sagen: Hier gäbe es zwar noch einiges zu tun, aber zumindest hat uns dieses System – die Erwerbsarbeit außer Haus – großen Wohlstand beschert. Eine nicht immer geliebte Arbeitsnormalität, von der eben einige Menschen (aus guten oder schlechten Gründen) abweichen. Doch ganz so ist es nicht. Global gesehen arbeitet rund die Hälfte der Weltbevölkerung ohne Arbeitsvertrag und Absicherung im Fall von Krankheit, Unfall oder im Alter.[71] Als Näherinnen, Landarbeiter oder Obstverkäufer zum Beispiel. Selbst in den reichsten und hochentwickeltsten Ländern der Welt ist die vertraglich geregelte, sozialpartnerschaftlich oder anderweitig ausverhandelte lohnabhängige Erwerbsarbeit nicht die Regel. Im Jahr 2019 gingen in Deutschland und Österreich gerade einmal etwas mehr als die Hälfte der Bevölkerung einer Erwerbstätigkeit nach, in der Schweiz waren es 58 Prozent. Alle anderen Menschen sind zu jung oder zu alt – also Kinder oder Senioren – oder sie konnten keine Erwerbsarbeit finden.

Gleichzeitig sind selbst unter diesen viele in prekären Beschäftigungsverhältnissen tätig – etwa als Uber-Fahrer oder Essenslieferanten. Einer Studie der deutschen Hans-Böckler-Stiftung zufolge, sind EU-weit nur etwa 60 Prozent der Erwerbstätigen Vollzeit, unbefristet und sozialversichert erwerbstätig.[72] Bis zum Jahr 2030 soll der Anteil derer, die in Deutschland und Österreich einer Erwerbsarbeit nachgehen, weiter sinken. Gründe dafür sind neben dem demographischen Wandel – die Gesellschaft wird im Durchschnitt immer älter – vor allem die **Automatisierung und Digitalisierung** von Tätigkeiten, für die heute noch menschliche Arbeitskräfte eingesetzt werden. Damit ist das vermeintliche Idealbild des arbeitenden Menschen, der fünf Tage in der Woche von morgens bis abends einer bezahlten Beschäftigung außer Haus nachgeht, endgültig nicht mehr aufrechtzuerhalten. Erwerbsarbeit außer Haus wird in Zukunft zum Minderheitenprogramm – nicht nur für Frauen.

Für Ayse ist das eine besorgniserregende Entwicklung. Sie würde gerne in einer Gesellschaft leben, in der alle Männer und Frauen im wortwörtlichen Sinne einer Arbeit „nachgehen" können, gleichgültig ob sie Kinder haben oder nicht. „Es müssen ja nicht fünf Tage in der Woche sein", betont sie, „aber wenn man gar nicht mehr außer Haus arbeitet, fällt einem die Decke auf den Kopf." Auf einem Bauernhof zu arbeiten, wäre natürlich etwas anderes, meint Ayse. Da gäbe es eine Vielzahl an unterschiedlichen Tätigkeiten, am Feld, in der Küche, mit den Kindern. „Dann hat zu Hause arbeiten aber auch eine andere Bedeutung. Mir kann niemand, der in einer Wohnung in der Stadt oder in einem kleinen Haus lebt, erzählen, dass es lustig ist, den Großteil der Zeit in den eigenen vier Wänden zu verbringen."

Ihre Haltung änderte sich auch nicht, als während der ersten Corona-Lockdown-Phase viele, die von zuhause arbeiten

## JOBVERLUSTE DURCH AUTOMATISIERUNG UND DIGITALISIERUNG

Auf die Frage, wie viele Arbeitsplätze aufgrund dieser Entwicklung in Zukunft verloren gehen, gibt die Fachliteratur unterschiedliche Antworten. Die Pessimisten sagen massive Jobverluste voraus: Für den deutschsprachigen Raum gehen Studien davon aus, dass die Automatisierung bis Mitte 2030 zu einem Verlust von über einem Drittel (34 Prozent in Österreich und 37 Prozent in Deutschland) der derzeit existierenden Arbeitsplätze führen wird.[73] In der Schweiz sollen bis 2030 ein Fünftel bis ein Viertel verloren gehen.[74]

Dabei sind nicht alle Arbeitnehmer gleichermaßen vom Risiko der Automatisierung betroffen: Tätigkeiten mit vorhersagbaren, routinemäßigen Abläufen können leichter automatisiert werden.

Viele dieser Jobs sind im Niedriglohnbereich angesiedelt, etwa Fließbandarbeit. Gleichzeitig gibt es zahlreiche Berufe, die schlecht bezahlt werden und wenig formale Bildung oder Ausbildung erfordern, aber trotzdem nicht automatisiert werden können, etwa die häusliche Pflege. Und dann gibt es sehr gut bezahlte Berufe für hochgebildete Menschen, denen trotzdem ein hohes Automatisierungsrisiko zugeschrieben wird, zum Beispiel Radiologen und Richter. Ein sehr geringes Automatisierungsrisiko besteht für Lehrkräfte (28 Prozent) und Manager.

Das höchste Automatisierungsrisiko schreibt eine Studie der OECD Arbeiten in der Landwirtschaft, Bekleidungsindustrie und den Kurierdiensten zu. Ganz besonders viele Jobs sollen auch in anderen Industriebereichen verloren gehen.[75] Dies ist auch der Grund dafür, dass Studien zufolge in Deutschland deutlich mehr Jobs von der Automatisierung bedroht sind als in anderen reichen Ländern: Hier gibt es im Vergleich viele Industriearbeitsplätze, während etwa in Japan viele Tätigkeitsbereiche bereits vor Jahren automatisiert wurden.

Einen weiterer Unterschied besteht zwischen den hochindustrialisierten Ländern des globalen Nordens, in denen die meisten Jobverluste in der Industrie und im Bereich der Büroarbeit erwartet werden, und Schwellenländern, in denen besonders viele Arbeitsplätze in der Landwirtschaft verloren gehen sollen – ein Prozess, der im globalen Norden schon früher stattgefunden hat.

> Solche Szenarien werfen die Frage auf, wie berufliche Aus- und Weiterbildung für das digitale Zeitalter gedacht werden muss. Eine Lösung für jene, deren Fähigkeiten obsolet werden, sehen Politik und Industrie häufig im „Upskilling"– also im Erlernen neuer Fähigkeiten. Weltweit, so prognostiziert ein Bericht des McKinsey Global Institute aus dem Jahr 2018, werden bis zum Jahr 2030 zwischen 75 Millionen und 375 Millionen Menschen in andere Berufe wechseln und neue Fähigkeiten erwerben müssen.
>
> Welche Fähigkeiten aber sollten das sein? Soll die neu heranwachsende Generation bereits im Kindergarten programmieren lernen? Oder müssen wir jene menschlichen Kompetenzen auszubauen, die (noch?) nicht von Maschinen „kopiert" werden können – wie kritisches Denken, Kreativität oder Empathie? Diese Fragen sind noch ungeklärt.

mussten, Gefallen daran fanden, sich nicht auf den Weg ins Büro machen zu müssen. Das seien ja bloß ein paar Wochen gewesen, argwöhnt Ayse, und es sei relativ bald klar gewesen, dass diese Zeit wieder vorbeigehen würde. „Das Homeoffice als Gradmesser dafür zu verwenden, wie zufrieden das Zuhausebleiben die Menschen macht, wäre ungefähr so, als würde die Kurzarbeitsphase als Indiz dafür gewertet werden, wie es Langzeitarbeitslosen geht."

## MÜHSAL ODER TUGEND?
## ARBEIT IM WANDEL DER ZEIT

Für Menschen wie Ayse wäre, um es zugespitzt zu formulieren, die Befreiung von der Haushaltsarbeit eine größere Erleichterung als die Befreiung von der Erwerbsarbeit. Zu dieser Freiheit gehören für die Amsterdamerin etwa kostenlose

Kinderbetreuung, bessere Schulen und ein enger getakteter öffentlicher Nahverkehr, Angebote, die sie bei ihren familiären Aufgaben unterstützen. Damit sie sich in ihrem Beruf als Architektin widmen kann, in dem sie sich nun einmal, wie sie es ausdrückt, „als vollständiger Mensch" fühlt. Mit dieser Selbsteinschätzung liegt sie gar nicht so weit weg vom Ideal der griechischen Antike. Der freie Bürger, der in der Hierarchie ganz oben stand, zeichnete sich dadurch aus, „dass er weder arbeitete noch Geschäfte trieb, sondern sich bildete und am politischen Leben beteiligte", so die Historikerin Andrea Komlosy.[76] Tätigkeiten, die zur Aufrechterhaltung des Lebens notwendig waren, wie Kochen, Kindererziehung, aber auch das Herstellen von Bedarfsgütern, wurden bei den alten Griechen von Sklaven, Frauen und Handwerkern verrichtet, die in der sozialen Wertordnung unter den freien Bürgern standen. Für Letztere standen Intellekt und Tugend im Mittelpunkt des Strebens. Zu arbeiten hingegen oder sich für Arbeit bezahlen zu lassen, war nichts, worauf man stolz war, sondern ein Makel.

Das änderte sich im Römischen Reich. Auch die alten Römer sahen Arbeit als Notwendigkeit („labor"), als etwas Niedrigeres. Ganz im Gegensatz zu Tätigkeiten, die Tugendhaftigkeit und Klugheit erforderten. Ein politisches Amt, das man sich durch Vertrauenswürdigkeit und Verstand erarbeitet hatte, war als Beschäftigung hochangesehen. Aufgaben hingegen, die auch Sklaven, Frauen oder andere „niedere Wesen" verrichten konnten, standen in der Hierarchie ganz unten. Ein weiser Konsul, der auf eine exzellente Ausbildung und viele Jahre Erfahrung zurückblicken konnte und aufgrund seiner Integrität (oder die Furcht, die er anderen einzuflößen vermochte) die Unterstützung vieler Menschen erlangt hatte, war unersetzlich – während die Frau, die seine Wäsche wusch, rasch ausgetauscht werden konnte.

So ganz anders verhält es sich übrigens heute auch nicht: Obwohl manuelle, bezahlte Arbeit deutlich angesehener ist als im alten Rom, war und ist der Grad der Ersetzbarkeit jenes Beitrages, den man leistet, ein entscheidender Faktor, ob man seinen Job behält oder nicht.

Und natürlich schlägt sich heutzutage die gesellschaftliche Wertschätzung für eine Tätigkeit nicht zuletzt in der Höhe der Bezahlung nieder – auch wenn während der Corona-Krise plötzlich niedrig bezahlte Supermarkt-Angestellte, Müllfahrer oder Pflegefachkräfte mehr Anerkennung erfuhren. Gar keiner Erwerbsarbeit nachzugehen gilt – im Gegensatz zu den alten Griechen und Römern – nicht mehr als edel und tugendhaft. Außer man gehört einer Super-Elite an und lebt von den Renditen seiner Investitionen in Immobilien, Unternehmen oder Finanzprodukte. Die werden dann gerne für individuelle philanthropische Projekte eingesetzt, was übrigens einen neuen Wirtschaftszweig erstehen hat lassen: Mittlerweile gibt es spezialisierte Firmen, die reichen Menschen dabei zu helfen, einen für sie maßgeschneiderten „guten Zweck" zu finden, den die wiederum als „Arbeit" deklarieren können.[77] Arbeit ist hier also ein Bestandteil des „Reputation-Managements".

In der Wahrnehmung vieler Menschen ist Arbeit ein wichtiger Teil unserer Identität und unseres sozialen Status. Dabei geht es allerdings nicht nur darum, ob die eigene Tätigkeit „sichtbar" ist und damit in der Familie oder im persönlichen Umfeld als wertvoll angesehen wird. Zusätzlich beeinflusst wird das eigene Rollenbild natürlich von der Höhe der Entlohnung, die in Geld ausgedrückte Form der Wertschätzung. Und die kann je nach Tätigkeit ziemlich unterschiedlich sein.

Woher kommt das eigentlich? Wie bemisst sich nun tatsächlich der Wert der Arbeit?

## WERT UND BEWERTUNG VON ARBEIT

Auf diese Frage gibt es interessanterweise keine eindeutige Antwort. Es kommt darauf an, wen man fragt – und selbst dann ist die Antwort nicht immer eindeutig. Für die Arbeitsökonomen ergibt sich der Lohn aus der Knappheit des Arbeitskräfteangebots in einer bestimmten Branche und der Nachfrage nach Arbeit. Die Nachfrage wiederum hat mit der Produktivität zu tun, also damit, wie viel über den Lohn hinausgehenden Wert die Arbeitskraft schafft. Die Betriebswirtschaftslehre zerlegt diese Frage in unterschiedliche Teilbegriffe: Die Produktivität gibt an, in welchem Verhältnis der Input zum Output steht. Die Produktivität eines Hotelangestellten etwa, der am Tag in acht Stunden 40 Zimmer reinigt, liegt bei fünf Zimmern pro Stunde. Über die Qualität der Arbeit gibt diese Zahl keine Auskunft. Zudem handelt es sich um einen wenig aussagekräftigen Durchschnittswert. Eine andere Kennzahl wäre die Wirtschaftlichkeit, die den wertmäßigen Ertrag dem wertmäßigen Aufwand gegenüberstellt. Vor allem in Unternehmen wird damit gearbeitet. Wenn etwa das zuvor genannte Hotel im letzten Jahr Erträge von 1,5 Millionen Euro erwirtschaftet hat und Aufwände in Höhe von einer Million Euro hatte, liegt die Wirtschaftlichkeit im positiven Bereich – im konkreten Fall beträgt der Faktor 1,5. Schließlich gäbe es noch die Personalkosten: Also einfach die gesamten Lohn- und Gehaltsaufwände durch die Zahl der gearbeiteten Stunden dividieren? Ist das der tatsächliche Wert der Arbeit?

Nicht wirklich, schließlich haben die gewonnenen Zahlen unterschiedliche Dimensionen: den betriebswirtschaftlichen und den volkswirtschaftlichen Wert: den persönlichen und sozialen, den gesellschaftlichen Wert. All diese Faktoren schlagen sich mal mehr, mal weniger in einer finanziellen Bewertung nieder. Was schließlich dazu führt, dass das Einkommen in vielen Berufen in einem eklatanten Missverhältnis für die Aufrechterhaltung des sozialen, politischen und gesellschaftlichen Lebens stehen. Zuletzt wurde uns das während der Corona-Krise vor Augen geführt. Plötzlich verfiel der **Wert** vermeintlich wichtiger, bedeutsamer, hochdotierter Jobs rapide. Oder wie es der in London lebende Anthropologe David Graeber einmal etwas zugespitzt formuliert hat: Wenn es niemandem wehtut, wenn du morgen nicht zur Arbeit gehst, dann hat deine Arbeit keinen gesellschaftlichen Wert: Dann hast du einen Bullshit-Job, der dazu dient, Menschen beschäftigt zu halten – und ihnen ein Einkommen zu verschaffen.[78]

An dieser Stelle kommen die Befürworter eines bedingungslosen Grundeinkommens ins Spiel. Auch sie kritisieren immer wieder, dass in unserer Gesellschaft der Wert der Arbeit falsch bemessen wird. Ein Missverhältnis, das ein bedingungsloses Grundeinkommen zumindest ein wenig ausgleichen könnte. Das behaupten jedenfalls dessen Befürworter.

## GEGEN HAUSFRAUENLOHN UND HERDPRÄMIE

Jemand wie Ayse kann der Idee eines Grundeinkommens dennoch nichts abgewinnen. „Das wäre ja nur eine Entschuldigung dafür, dass man den Frauen sagt, sie sollen zu Hause bleiben", argumentiert sie. Tatsächlich wird das G-Wort

## DER WERT DER ARBEIT

Wie und in welcher Weise menschliche Tätigkeit bemessen werden kann, wurde im Lauf der Geschichte unterschiedlich beantwortet. Eine Auswahl:

### Der ökonomische Wert

Die sogenannte Arbeitswerttheorie geht auf Überlegungen von Adam Smith, David Ricardo und Karl Marx zurück. Sie besagt, dass der Wert einer Ware durch die Arbeitszeit bestimmt wird, die zu ihrer Produktion benötigt wird. Je mehr Arbeitszeit also für die Herstellung einer Ware erforderlich ist, desto höher ist ihr Wert.

Obwohl Marx diese Theorie vor dem Hintergrund einer Kritik an kapitalistische Ausbeutung der Arbeiter entwickelte und nicht, um ihre Relevanz zu bemessen, liefert sie doch einige wichtige Hinweise: Wenn der Wert der Güter in Arbeitszeit bemessen wird, ist der Preis ein Indikator für den Wert dieser Tätigkeit. Marx argumentierte, dass es unredlich sei, Arbeiter nicht entsprechend zu bezahlen – und wurde dafür heftig kritisiert. Seine Thesen zählen heute nicht mehr zu den maßgeblichen ökonomischen Ansätzen.

### Der soziale Wert

In der Fachliteratur wird es immer wieder betont und viele von uns haben es selbst erfahren: Arbeit hat nicht nur ökonomischen, sondern auch sozialen und persönlichen Wert. Viele Menschen sehen ihre Rolle in der Gesellschaft zu einem großen Teil durch ihre Arbeit definiert. Ihr Selbstbild und ihr Selbstwertgefühl sind stark davon geprägt. Gleichzeitig sind damit Ansprüche auf Sozial- und andere Versicherungsleistungen verknüpft. Begriffe wie „Pensionsschock" zeigen, wie stark Erwerbsarbeit mit dem Ideal eines normalen und erfüllten Lebens verwoben ist: Wenn man nicht (mehr) der Erwerbsarbeit nachgeht, steht man am „Abstellgleis".

In Gesellschaften, in denen Erwerbsarbeit in den letzten Jahrzehnten der Standard war, wird Arbeit weitgehend mit Erwerbsarbeit gleichgesetzt, die typischerweise außer Haus stattfindet. Arbeit ist etwas, wo man hingeht und hingehört. Arbeitslos zu sein – also keiner bezahlten oder selbständigen Erwerbsarbeit nachzugehen – ist folglich mit dem Stigma verbunden, sozial keinen Wert zu haben.

## Der gesellschaftliche Wert

Leider gibt es noch keine Theorie des gesellschaftlichen Werts der Arbeit – und auch keine Messgröße. Zeit, dass eine entwickelt wird! Mit David Graeber könnten wir sagen: Der gesellschaftliche Wert der Arbeit zeigt sich darin, ob es jemandem wehtut, wenn man seine Arbeit nicht macht. Diese Sicht jedoch birgt eine gewisse Gefahr in sich: Lehrer oder Müllmänner würden dabei (zurecht) gut aussteigen. Aber was ist mit jenen, deren Arbeit ihre Wirkung erst in ein paar Jahren oder sogar Generationen entfaltet, wie zum Beispiel Stadtplaner, Historiker oder auch Künstler? Zu jenen, die gesellschaftlich wertvolle Arbeit tun, gehören auf jeden Fall die „Systemerhalter" – aber auch die „Kulturerhalter".

in der Literatur von manchen Autoren genau aus diesem Grund abgelehnt: Es sei eine versteckte „Herdprämie", ein „Hausfrauenlohn".[79] Nachdem es alle bekämen, würden es einige bloß als willkommenen Zuverdienst zu ihrem Erwerbs-Job sehen. Zudem, so fürchtet Ayse, könnte ein an alle ausbezahltes Grundeinkommen dazu führen, dass Ziele wie der Ausbau von Kinderbetreuungsplätzen und die professionelle Pflege von kranken und hochbetagten Menschen aus dem Fokus der Politik rücken. „Dann wird es heißen: Es muss ja niemand mehr arbeiten gehen, dann kann das ja in der Familie gemacht werden." Eine Entwicklung, die quasi genau das Gegenteil von jener Idee wäre, mit der Befürworter eines bedingungslosen Grundeinkommens angetreten sind: Schließlich soll es Menschen ein Leben in Würde und frei von Existenzängsten ermöglichen, die künstliche Trennung in private und öffentliche Arbeit auflösen, und zu einer

Gesellschaft beitragen, in der sich nicht alles um Geld und Konsum dreht.

Wurde das schon einmal gewagt? Und wenn ja, was hat es bewirkt? Das – und die Frage, wie eine solch emanzipatorische Utopie finanziert werden könnte – sehen wir uns im nächsten Kapitel an.

. . . . .

# KAPITEL 6

# GELD FÜR ALLE

## VON TAMPERE NACH WINNIPEG

An ihrem 50. Geburtstag war Riikka ziemlich deprimiert. So gut wie nichts in ihrem Leben war nach Wunsch gelaufen. Eine langjährige Beziehung mit dem Mann, mit dem sie alt werden wollte, ging ausgerechnet während einer lang ersehnten Weltreise in die Brüche. Weil sie nicht genau wusste, wann sie wieder zurückkehren würden, gab sie für den gemeinsamen Trip ihren Job als Musiklehrerin im finnischen Tampere auf. Ihr Partner Ilpo wollte sich die Möglichkeit offenlassen, für ein paar Jahre in Nepal als Lehrer zu arbeiten: „Um etwas zurückzugeben, weil wir es so gut haben", wie er es damals formulierte. Doch so weit kam es gar nicht. Der erste Abschnitt ihrer Reise von Tampere nach Moskau war noch gut verlaufen, von da an aber ging es mit der Beziehung bergab. Nach wenigen Wochen in Nepal, in denen beide zum Schluss kamen, für ihr weiteres Leben völlig unterschiedliche Träume und Wünsche zu haben, trennten sie sich. Ilpo blieb in Nepal, Riikka kehrte nach Finnland zurück.

Zuhause in Tampere teilte ihr jedoch die Musikschule, in der sie gearbeitet hatte, mit, dass man mit ihrer Nachfolgerin sehr zufrieden sei und ihr die Stelle nicht zurückgeben könne. Auch andere Schulen hatten keinen Bedarf. In eine andere Stadt zu ziehen, kam für die Rückkehrerin nicht infrage – sie wollte nach dem Scheitern ihrer Beziehung nicht auf die Nähe zu Familie und Freunden verzichten. Und schließlich, dachte sich Riikka, lässt es sich in Finnland von Arbeitslosengeld und Sozialhilfe ganz gut leben.

Über ein Jahr lang suchte die Musiklehrerin erfolglos einen neuen Job, bis Ende 2016 ein Brief ins Haus flatterte: Riikka war für ein Projekt ausgewählt worden, das von der staatlichen finnischen Sozialversicherung, Kela, initiiert worden war. Als eine von 2.000 arbeitslosen Finnen im Alter zwischen 25 und 58 sollte sie zwei Jahre lang ein bedingungsloses Grundeinkommen in Höhe von 560 Euro im Monat erhalten; das Arbeitslosengeld würde ihr dafür gestrichen werden. Wäre Riikka Empfängerin von Kranken- oder Kindergeld gewesen, wäre auch das mit dem Grundeinkommen ersetzt werden. Das Projekt was als Experiment angelegt: Anhand einer Kontrollgruppe von 5.000 Menschen, die ebenfalls arbeitslos waren, aber kein Grundeinkommen erhalten würden, sollten mögliche Unterschiede zwischen den beiden Gruppen analysiert werden. Insbesondere interessierten sich die Initia- toren für die Frage, ob die Grundeinkommensbezieher leichter in den Arbeitsmarkt zurückfinden würden als andere Arbeits- lose. Schließlich durften Erstere so viel dazuverdienen, wie sie wollte, ohne ihren Anspruch zu verlieren. Jene Jobsuchenden hingegen, die weiterhin auf Sozialhilfe oder Arbeitslosengeld angewiesen waren, würden ab einem bestimmten Zuverdienst keinen Anspruch mehr auf diese Leistungen haben. Es ging also nicht darum, die Bezieher des Grundeinkommens vom „Arbeits- zwang" zu befreien, sondern allein um die Frage, ob diese Form der Grundsicherung eher dazu in der Lage war, Menschen in den Arbeitsmarkt zurückzubringen. Gäbe es dafür belegbare Indizien, wäre angedacht gewesen, das System auf alle Arbeitssuchenden auszuweiten; damals insgesamt acht Prozent der Bevölkerung.

## WER IST HIER KURZSICHTIG?

Das Experiment, das von Januar 2017 bis Dezember 2018 lief und den finnischen Staat etwa 20 Millionen Euro gekostet hatte, brachte gemischte Resultate. Die meisten Bezieher waren nach den zwei Jahren, in denen sie bedingungslos Geld bekommen hatten[80], zufriedener als die Kontrollgruppe. Allerdings fanden sie nicht häufiger einen neuen Job. Für die finnische Politik war das der

Hauptgrund, die Sache nicht weiter zu verfolgen. In den internationalen Medien, die das Experiment aufmerksam verfolgt hatten, einigte man sich rasch darauf, das Projekt als gescheitert anzusehen. Wieder einmal, so schien es, war die Idee vom bedingungslosen Grundeinkommen nicht viel mehr als eine soziale Utopie.

Was Riikka jedoch völlig anders sieht: „Man hat das Experiment viel zu früh beendet", erzählt sie mir bei einem Gespräch im Frühsommer 2020. Sie und andere Grundeinkommensbezieher, mit denen sie sich bis heute regelmäßig in einer Facebook-Gruppe austauscht, sind sich einig, dass erst gegen Ende des Experiments positive Effekte sichtbar wurden. „Aber dann war es auch schon fast vorbei. Es wäre gut gewesen, es länger laufen zu lassen, um die längerfristigen Folgen abschätzen zu können." In den ersten Monaten, erzählt Riikka, war sie selbst noch weit davon entfernt gewesen, sich auch emotional auf dieses neue System einzustellen. Damals sei sie noch im Hamsterrad frustrierender Job-Bewerbungen gefangen gewesen, die das Arbeitsamt bis dahin von ihr verlangt hatte. „Ich hab' einfach eine gewisse Zeit gebraucht, bis ich wieder die Kraft hatte, positiv nach vorne zu denken und nicht immer nur zu überlegen, wo ich mich jetzt bewerben muss und wo ich was beantragen muss. Erst dann konnte ich mir einen Plan zurechtlegen, wie ich die nächsten Jahre meines Lebens verbringen möchte." Im Januar 2018 entschloss sich Riikka, ein kleines Haus an der Westküste Finnlands zu mieten, um allein zu sein, um zu malen und ganz zu sich zu kommen. „Und plötzlich wusste ich, wie es weitergeht." Zusammen mit Freunden, mit denen sie manchmal gemeinsam musiziert hatte oder zu Konzerten gegangen war, gründete sie im Frühsommer 2018 einen Verein, der Kindern aus benachteiligten Familien kostenlosen Unterricht gab. Die Musiklehrerin gab fortan an drei Nachmittagen in der Woche in ihrer Wohnung Klavierunterricht, in der restlichen

Zeit tüftelte sie mit einer Freundin an einem Plan, die langfristige Finanzierung des Vereins zu sichern. Konzert- und Opernbesucher sollten über Aufrufe auf den Webseiten der Veranstalter oder via Social Media aufgefordert werden, den Verein mit Spenden zu unterstützen.

Riikkas neues Leben lief also gerade erst an, als das Grundeinkommen-Experiment Ende 2018 schon wieder auslief. Offiziell war sie wieder eine ganz gewöhnliche Arbeitslose. „Was ich jedoch in der Zeit des Grundeinkommen-Experiment gemacht habe, war für die Gesellschaft viel mehr wert als meine bezahlte Arbeit davor", ist die Musiklehrerin überzeugt. „Und trotzdem zählt das nicht als Erfolg."

Ist Riikkas Beispiel nun typisch für die Teilnehmer am Grundeinkommen-Experiment? Oder spiegelt sie eine individuelle, ganz persönliche Erfahrung wider? Schließlich war die Finnin ohnehin in einer Umbruchsphase, gut möglich also, dass die Neuorientierung in ihrem Leben vielleicht auch ohne ein bedingungsloses Grundeinkommen stattgefunden hätte. Um diese Fragen zu beantworten, werfen wir einen Blick nach Kanada. Einem Land, in dem, mit einem Abstand von einem halben Jahrhundert, gleich zwei entsprechende Experimente ins Werk gesetzt wurden.

## DAS MINCOME-EXPERIMENT

Gleich vorweg: Einem umfassenden, langfristigen und landesweiten Großversuch zum universellen und bedingungslosen Grundeinkommen – also einer staatlichen Geldzahlung, die jeden Monat in derselben Höhe zumindest an eine gesamte erwachsene Wohnbevölkerung geht, die durch Zuverdienste nichts verlieren kann – gab es bislang nicht, zumindest nicht im globalen Norden. Zwar gibt es umfangreiche empirische Untersuchungen zu Projekten der Organisation Give Directly, die sich aus privaten Spenden finanziert und vor allem in Afrika und in Ländern wie Kenia, Uganda oder Ruanda operiert. Diese Daten lassen sich jedoch nicht so einfach auf Europa oder die USA umlegen. Aber gerade in diesen Regionen ist es besonders schwierig, den politischen Rückhalt für ein dermaßen umfangreiches Experiment zu bekommen, bei dem sprichwörtlich kein Stein auf dem anderen bleiben würde. Selbst wenn man es „nur" für die Dauer von zwei Jahren ansetzen würde und die Finanzierung für diesen Zeitraum gesichert wäre, müsste ein Großteil des Sozialsystems in einem Staat oder einer größeren Region völlig umgestellt werden: Gewisse Versicherungsleistungen und Transferzahlungen würden, so wie in Finnland, zugunsten des Grundeinkommens gestrichen werden, viele Menschen würden ihr Leben angesichts der Perspektive, auch in drei, fünf, zehn oder zwanzig Jahren ein fixes Einkommen zu haben, völlig neu planen. Für ein derart umfassendes Experiment bräuchte es so viel politische Überzeugungsarbeit, dass man eigentlich gleich auf die endgültige Einführung eines Grundeinkommens hinarbeiten könnte. Wohl auch deshalb müssen wir auf der Suche nach einem entsprechenden Testlauf etwas weiter in der Geschichte zurückgehen.

Eines ist das sogenannte Mincome-Experiment, das zwischen 1975 und 1978 in der kanadischen Provinz Manitoba durchgeführt wurde. Mincome steht für „Manitoba Basic Annual Income Experiment", gestartet und finanziert wurde es von der Provinzregierung gemeinsam mit der kanadischen Bundesregierung. Wie beim finnischen Testlauf gab es auch in Kanada kein universelles Grundeinkommen, weil es nicht jeder bekam. Nach dem Zufallsprinzip waren in Winnipeg und in einigen ländlichen Regionen Haushalte mit niedrigem Einkommen ausgewählt worden, die für

einige Jahre eine bedingungslose jährliche Geldzahlung erhalten
würden. Wieder gab es eine Kontrollgruppe. In Dauphin, einer
10.000-Einwohner-Stadt in der kanadischen Prärie, nahm die
gesamte Bevölkerung am Experiment teil: 2.218 Personen in insgesamt 706 Haushalten erhielten Zahlungen, andere fungierten
als Kontrollgruppe. Die Höhe der Zahlungen hing von mehreren
Faktoren ab, etwa den Erwerbseinkünften, dem Steuersatz oder
der Haushaltsstruktur.

Das Mincome-Experiment, das insgesamt 17 Millionen
kanadische Dollar kostete[81] (in heutigem Geld wären das 103 Millionen Dollar, also ca. 67 Millionen Euro), sollte Erkenntnisse
liefern, wie sich ein Grundeinkommen auf die Arbeitswilligkeit
und das Arbeitsausmaß der Bevölkerung auswirkte. Drei Jahre
nach dem Start wurde es abgebrochen: Weil während der Ölkrise
die Arbeitslosenzahlen rapide anstiegen, gab es plötzlich so viele
Menschen in Dauphin, die nun die Kriterien für eine Mincome-
Zahlung erfüllten, dass dem Experiment das Geld ausging. Und
außerdem schien es nicht mehr opportun, in einer Wirtschaftskrise Geld mit der Gießkanne zu verteilen; in weiten Teilen der
westlichen Welt wurde gerade die Krise des Wohlfahrtsstaates
ausgerufen. Die Dokumente wurden in Pappkartons verpackt
und in einem Lagerhaus aufbewahrt, wo sie fast drei Jahrzehnte
lang blieben.[82] Erst in den 2010er Jahren, als das Thema Grundeinkommen weltweit einen neuen Aufschwung erfuhr, holten
Wissenschaftler die vergilbten Akten aus den Lagerhallen und
werteten die Ergebnisse aus. Diese zeigten schließlich eine gering-
fügige Reduktion der gearbeiteten Stunden insbesondere in zwei
Gruppen: bei Frauen, die gerade erst Kinder bekommen hatten,
sowie bei männlichen Teenagern. Bei den neuen Müttern liegt
die Vermutung nahe, dass sie die Kinderbetreuung selbst über-
nahmen, anstatt Kinderbetreuungseinrichtungen zu nutzen und

einer Erwerbsarbeit nachzugehen. Die Reduktion der gearbeiteten Stunden in der Gruppe der jungen Männer war hingegen darauf zurückzuführen, dass diese länger in der Schule oder in anderweitiger Ausbildung verblieben, weil sie aufgrund des Grundeinkommens kein Geld verdienen mussten. Das ist nicht gerade ein negatives Ergebnis! In Dauphin, dem Ort, in der die gesamte Bevölkerung am Experiment teilnahm, zeigte sich zudem, dass es den Menschen in der Grundeinkommensgruppe im Vergleich zur Kontrollgruppe gesundheitlich besser ging. Sie wiesen eine geringere Zahl an Krankenhausaufenthalte auf, hatten weniger Unfälle und fühlten sich auch psychisch gesünder.[83] Dennoch herrschte zum Thema Grundeinkommen nach Auslaufen des Mincome-Experiments mehrere Jahrzehnte lang Schweigen.

Erst nachdem im Jahr 2015 die Liberale Partei unter Justin Trudeau an die Macht gekommen war, flammte die Debatte wieder auf – und diesmal mit anderen Vorzeichen: Während es in den 1970er Jahren darum gegangen war, herauszufinden, wie man möglichst viele Leute in die Erwerbsarbeit zurückbringen könne, stand diesmal eine andere Frage im Mittelpunkt: Wie könnte man jedem Kanadier das Geld, das er zum Leben braucht, garantieren? Die Antwort war vor allem angesichts des Anstiegs atypischer Beschäftigungsverhältnisse und der Gig-Ökonomie immer wichtiger geworden. Gleichzeitig sollte ein Grundeinkommen dabei helfen, die Gesundheit der Bevölkerung zu verbessern – was ja bereits das Mincome-Experiment in Manitoba gezeigt hatte. Im Zuge einer neu konzipierten Studie bekamen insgesamt 4.000 Bürger im Bundesstaat Ontario wieder Geld vom Staat. Knapp 17.000 Kanadische Dollar im Jahr gab es für Alleinstehende, 24.000 Kanadische Dollar für Paare (umgerechnet also knapp über 11.000 bzw. 15.500 Euro). Allerdings war dieses Grundeinkommen nicht nur nicht universell, weil es nicht jeder Bürger bekam – es war auch nicht bedingungslos: Für jeden Dollar, den ein Mensch mit Erwerbsarbeit dazuverdiente, verlor er 50 Cent seines Grundeinkommens. Das bedeutete, dass effektiv nur jene von dieser Grundsicherung profitierten, die als Alleinlebende weniger als 34.000 und als Paar weniger als 48.000 Kanadische Dollar im Jahr verdienten (umgerechnet etwa 22.500 und 31.600 Euro).[84] Das Experiment war ursprünglich für drei Jahre angelegt, endete aber nach bloß 17 Monaten: In Ontario war eine neue Regierung an die Macht gekommen, der sogar dieses vorsichtige Experiment zu radikal war: „Ein Grundeinkommen ist keine Antwort für die Familien Ontarios", sagte die neue konservative Gesundheitsministerin Lisa McLeod.[85]

Riikka hatte den Ontario-Feldversuch genau mitverfolgt. „Die kanadische Studie war eigentlich noch erfolgreicher als unser finnischer Feldversuch, und trotzdem gilt es als Misserfolg", erzählt sie mir sichtlich frustriert. Tatsächlich zeigen Studien, dass die Teilnehmer des Experiments in Ontario danach weniger psychische Probleme hatten, weniger Alkohol tranken und weniger rauchten. Manche, die vorher von Sozialhilfe gelebt hatten, berichteten davon, sich zum ersten Mal seit Langem „wieder wie Menschen zu fühlen".[86]

In einer späteren Studie mit den kanadischen Teilnehmern fanden die Sozialforscher Leah Hamilton und James Mulvale zudem heraus, dass es für viele Bezieher einen großen Unterschied machte, woher das Geld kam. Sie empfanden es als enorme Erleichterung, durch das Grundeinkommen nicht mehr als hoffnungsloser Fall gebrandmarkt zu sein. Das Grundeinkommen gab ihnen wieder einen Teil ihrer Würde zurück, sie konnten selbst darüber entscheiden, was und wie viel sie dazuverdienten und so ihre eigene Zukunft planen. Vor allem aber erlebten sich selbst wieder als selbstbestimmte Menschen. „Diese

Untersuchung ist eine der ganz wenigen, die ein Grundeinkommen mit Sozialhilfe vergleicht", sagt Riikka, die die gesamte Studie gelesen hat. „Und eine der wenigen, die sich ansehen, welche Effekte diese Grundsicherung auf Gesundheit und Lebensführung hat. Und eben nicht nur abzählt, ob jemand jetzt zwei Stunden mehr oder weniger arbeitet oder schneller wieder einen Job findet."

## VON DER WÜRDE ZUR FREIHEIT

Trotz dieser positiven Signale ist die Evidenz aller bisherigen Feldversuche zum bedingungslosen Grundeinkommen mit Vorsicht zu genießen, sind sie doch allesamt auf relativ kleine Bevölkerungsgruppen beschränkt. Die systemischen Effekte einer Einführung eines bedingungslosen Basiseinkommens können dadurch nicht sichtbar gemacht werden. Damit sind Prozesse gemeint, die einsetzen, wenn Menschen ihre Gewohnheiten und Entscheidungen einer neuen Situation anpassen: Junge Menschen bleiben unter Umständen länger in der Ausbildung (wie die Studie in Manitoba ergeben hatte), Eltern mit kleinen Kindern geben vielleicht Jobs auf, die unangenehm sind und wenig Geld bringen. Und das bringt wiederum Arbeitgeber dazu, menschliche Arbeitskraft durch Maschinen zu ersetzen oder ihren menschlichen Arbeitnehmern mehr zu zahlen. Allesamt Entwicklungen, die die institutionelle Struktur der gesamten Gesellschaft betreffen würde. Und diese können mit kleinflächigen Studien, die etwa ausschließlich langzeitarbeitslose Menschen betreffen oder nur wenige Monate laufen, nicht erfasst werden.

Ganz abgesehen von arbeitsmarktpolitischen Fragen nennt Riikka aber auch noch ein anderes Argument, warum an einem

Grundeinkommen kein Weg vorbeiführt: Wie auch Tatiana, der wir in Kapitel 3 begegnet sind, ist sie überzeugt, dass nur ein bedingungsloses Grundeinkommen der Autonomie und Würde aller Menschen gerecht werde. Anders jedoch als die gebürtige Russin, der es vor allem wichtig ist, Menschen vor den entwürdigenden Erfahrungen der Armut und der Angst im Alter zu schützen, rückt Riikka die Freiheit in den Mittelpunkt: Die regelmäßige und bedingungslose Auszahlung eines festgesetzten Geldbetrages würde es allen ermöglichen, selbst darüber zu entscheiden, wie sie ihr Leben gestalten und in was sie investieren. Dieser Gedanke ist auch aus der Entwicklungsökonomie bekannt: Geldzahlungen, so lautet eine Argumentation der Wissenschaftler, hätten gegenüber Sachleistungen den Vorteil, es der jeweiligen Person selbst zu überlassen, wann und wofür sie ihr Geld ausgibt. Damit ließen sich die Bedürfnisse einzelner Personen und Familien am besten befriedigen und Reibungsverluste – etwa die Zeit und das Geld, das in Bedarfsprüfungen oder in Erhebungen, wer welche Güter braucht – vermeiden.

## GELDZAHLUNGEN ODER SACHLEISTUNGEN?

|  | Vorteile | Nachteile |
|---|---|---|
| Monatliche bedingungslose Geldzahlung | Unbürokratisch (zum Beispiel keine Bedarfsprüfung); wahrt die Autonomie der Empfänger | „Gießkannenprinzip" |
| Einmalzahlung (zum Beispiel wenn die Person volljährig wird)[87] | Unbürokratisch (zum Beispiel keine Bedarfsprüfung); wahrt die Autonomie der Empfänger | Kommt eventuell zum falschen Zeitpunkt – Menschen geben ihr Geld für spontane Wünsche aus, statt es gut anzulegen |
| Sachbezüge wie Nahrungsmittelgutscheine, Kleider etc. | Missbrauch ist schwierig | Bevormundet die Empfänger; verunmöglicht langfristige Investitionen |

Gleichzeitig gibt es aber auch das Argument seitens vieler Politiker und auch einiger Forscher, Geldleistungen würden vor allem Bewohner in Entwicklungsländern in Versuchung bringen, die Zuweisungen nicht für dringend benötigte Kleidung oder Nahrung, sondern für eher unvernünftige Dinge wie Alkohol oder prestigeträchtige Luxuswaren auszugeben. Allein: Empirische Studien können das nicht bestätigen. Bezieher von Direktzahlungen, so die einschlägige Forschung, benutzen diese vor allem dafür, sich etwas anzusparen oder nachhaltig zu investieren. Untersuchungen aus insgesamt 130 Ländern führen zudem den Nachweis, dass Bargeldzahlungen Armut und Kinderarbeit reduzieren, die lokale Ökonomie ankurbeln und die Ernährung der Bevölkerung verbessern können.[88] Es gibt also gewichtige Gründe für Geldzahlungen.

Dass die allein auch nicht alle Probleme zu lösen vermögen, werden wir in Kapitel 8 sehen. Doch zuvor wenden wir uns einer den entscheidenden Fragen zu, die, wenn das G-Wort fällt, verlässlich auftauchen. Ist dieses System überhaupt finanzierbar? Wer soll das alles bloß bezahlen? Und vor allem: Wie?

. . . . .

# KAPITEL 7

# KASSASTURZ

## WER SOLL DAS BEZAHLEN?

In politischen Debatten zum bedingungslosen Grundeinkommen stehen vor allem drei Fragen im Mittelpunkt: Zum einen, welche Auswirkungen diese Grundsicherung auf die Arbeitsbereitschaft der Menschen, also auf die tatsächlich geleisteten Stunden, haben wird. Zum anderen die nicht unmittelbar wirtschaftlichen Aspekte, nämlich die psychische und physische Gesundheit der Menschen. Für die meisten jedoch, die sich für diese Idee interessieren, steht und fällt dieses Konzept mit einer einzigen Frage: Ist ein bedingungsloses Grundeinkommen für alle – also ein universelles Grundeinkommen – überhaupt finanzierbar? Und wenn ja, wie? Einige der wichtigsten Studien, die auf den ersten Teil dieser Fragen Antwort geben, haben wir uns angesehen – mit Beispielen aus Finnland und Kanada.

Nun tauchen wir etwas tiefer ins Thema ein und nehmen uns ein Modell konkret vor. Das vor allem, um die Auswirkungen, die eine Einführung eines bedingungslosen Grundeinkommens nicht nur auf die Menschen, sondern auf das Finanz- und Sozialsystem eines Landes besser zu verstehen. Schließlich bedarf es teils enormer Eingriffe, um ein Grundeinkommen zu finanzieren. Und es soll – so der Anspruch eigentlich aller internationalen Modelle – das derzeitige, über Jahrzehnte gewachsene, mittlerweile hochkomplexe Umlagen- und Ausgleichssystem radikal vereinfachen. Nicht zuletzt lernen wir einige Begriffe aus dem Steuersystem genauer kennen, die in der Debatte um diese Art der Grundsicherung immer wieder auftauchen. Gleich vorweg: Eine einfache Lösung gibt es nicht. Weil es eben so viele unterschiedliche Ansätze gibt. Und weil jedes einzelne Land in den vergangenen Jahrzehnten sein eigenes Sozialsystem entwickelt hat, das nicht einfach durch die eine, universelle Alternative ersetzt werden kann. Versuchen wir es trotzdem! Und zwar anhand des bereits ziemlich detaillierten Modells der

Generation Grundeinkommen, jenes österreichischen Vereins, der seit einigen Jahren für die Einführung eines bedingungslosen und universellen Grundeinkommens eintritt. Interessant macht dieses Konzept vor allem ein Umstand: In einer aktuellen Studie der Johannes Kepler Universität in Linz und der in Innsbruck ansässigen Gesellschaft für Wirtschaftsforschung (GAW) sind die Ansätze und Zahlen dieses Konzepts bereits durchgerechnet worden.[89] Es lassen sich also genauere Schlüsse ziehen, die über bloße Theorien und Absichtserklärungen hinausgehen. Zuerst einmal beschäftigen wir uns mit den Details dieses Modells. Ihm zufolge sollen in Österreich Erwachsene 1.000 und Kinder 500 Euro im Monat erhalten – was in Summe nicht weniger als 96 Milliarden Euro jährlich ausmachen würde. Gleichzeitig soll Erwerbsarbeit von allen Steuern und Abgaben befreit, im Gegenzug aber der Konsum besteuert werden – dafür aber ordentlich, nämlich mit etwa 100 Prozent. Die Idee, Konsum stärker zu belasten, ist nicht neu: Für den an der Cornell University lehrenden Wirtschaftswissenschafter Robert Frank dient diese Abgabe vor allem dazu, das Ausgeben von Geld zu „bestrafen" und so die Sparquote eines jeden zu erhöhen. (Ein Ansatz, der angesichts des löchrigen sozialen Netzes in den USA sicherstellen soll, dass auch Menschen mit geringem Einkommen in Krisenfällen genug zum Überleben haben.)

Auch Götz Werner, der deutsche Grundeinkommensaktivist und Gründer der Drogeriemarktkette DM, ist Fan der Konsumsteuer, wenngleich aus einem anderen Grund: Wir sollten nicht länger diejenigen besteuern, die eine Leistung erbringen, propagiert der bekennende Anthroposoph, sondern jene, die die Früchte dieser Leistung genießen. Also die Konsumenten. Sie seien es schließlich, die Güter oder Dienstleistungen kaufen und so nicht nur von der Arbeit, die in die Produkte geflossen ist, sondern auch von der öffentlichen Infrastruktur profitieren, die das alles erst ermöglicht hat: Straßennetze, öffentlich finanzierte Ausbildung, Energieversorgung. Auch seien Steuern auf Konsum gerechter als jene auf Einkommen: „Theoretisch zahlen die Besserverdienenden zwar hohe Steuern", so Werner in seinem Buch *Einkommen für alle*, „praktisch jedoch parken sie ihr Geld auf ausländischen Konten und in dubiosen Steuersparmodellen."[90] Einer Konsumsteuer hingegen kann man, im Gegensatz zur Einkommenssteuer, nicht ausweichen. Wir erinnern uns an das Beispiel aus Kapitel 2: Bezahlt wird die Abgabe an dem Ort, an dem das Geschäft passiert. In Tampere, Amsterdam oder Berlin – und nicht in Steueroasen wie Irland oder Luxemburg, Länder, die mit Dumping-Sätzen die Konzerne anlocken.

Eine Erhöhung der Konsumbesteuerung als Mittel gegen Steuervermeidung: Das klingt vorhand natürlich gut. Übersehen wird dabei jedoch, dass deren Einführung wohl viele dazu verleiten würde, die nun teurer gewordenen Güter einfach im günstigeren Ausland zu erwerben oder auf billigere Produkte umzusteigen, die häufig die Umwelt stärker belasten; zudem würden hohe Konsumsteuersätze wohl den Schwarzhandel fördern. Vor allem aber wären Menschen mit geringem Einkommen gezwungen, deutlich mehr für ihren Lebensunterhalt auszugeben. Eine Familie, die bereits jetzt ihr gesamtes Einkommen für Miete, Lebensmittel und andere lebenswichtige Dinge ausgibt, würde eine um 100 Prozent erhöhte Konsumsteuer wohl endgültig in den Ruin treiben. Ein Kaffee, der derzeit in einem Wiener Kaffeehaus inklusive Mehrwertsteuer 3,60 Euro kostet[91], würde dann mit der neuen Konsum-Abgabe sechs Euro kosten. Ist das fair? Und was bringt dann eigentlich ein Grundeinkommen, wenn die Menschen zwar ein bisschen mehr Geld zur Verfügung haben, aber die Preise ins Unermessliche gestiegen sind?

Auftritt Helmo Pape, dem Gründer des Vereins Generation Grundeinkommen, der das österreichische Modell federführend entwickelt hat. Die Preise aller Güter – wie auch des Kaffees in unserem Beispiel –, führt der BGE-Aktivist aus, bestünden letztendlich vollständig aus Einkommen, und weiter: „Als Kunde zahle ich damit das Gehalt des Kellners, des Wirts, der Reinigungskraft, aber auch die Einkommen für jene Menschen, die ihn produziert haben: der Kaffeepflücker, der Importeur, der Kaffeeröster." Wenn jedoch die Steuern auf Arbeit wegfielen, würde auch der Nettopreis des Produktes sinken. Ergo wäre der Kaufpreis für viele Waren und Dienstleistungen trotz der 100-prozentigen Konsumsteuer nicht viel höher als heute, so Pape. Teurer würden vor allem jene Produkte werden, die aus Ländern importiert werden, die Arbeit weiterhin besteuern (im Kaffeebeispiel wäre das Kolumbien). Andere Produkte, etwa inländische Nahrungsmittel, würden billiger werden. Ein positiver Effekt im Sinne von Regionalität und Nachhaltigkeit, ließe sich sagen.

Aber selbst wenn Preise der meisten Konsumgüter und Dienstleistungen nicht wesentlich steigen würden, gäbe es noch immer das Argument der fehlenden sozialen Gerechtigkeit. Plus 100 Prozent für alle? Ist das sozial, wenn Reiche und Arme dieselbe Steuerlast tragen? „Zunächst würde ich nicht von Steuerlast sprechen", sagt Helmo Pape. „Nennen wir es besser einen Steuerbeitrag." Und der sähe dem BGE-Initiator zufolge so aus: Jeder Mensch erhielte am Monatsanfang eine Gutschrift überwiesen, um die Konsumsteuer für einen durchschnittlichen Lebensstil abzudecken. Diese wäre für alle erwachsenen Menschen, die in einem Land ihren Wohnsitz haben, gleich hoch. Jene, die viel konsumieren, würden über ihre Einkäufe mehr Steuer zahlen, als dieser Bonus ausmacht. Jene, die mit ihren Einkäufen nur ihre Grundbedürfnisse abdecken, könnten allein von der Gut-schrift leben.

Ganz grundsätzlich handelt es sich bei diesem Konzept um eine Art Ersatz für den Einkommenssteuerfreibetrag, der für gewöhnlich sicherstellen soll, dass Menschen, die einer Erwerbsarbeit nachgehen, auch bei geringen Einkommen genug zum Leben haben. Aufgrund des Wegfalls dieser Abgabe müsse nun nicht mehr das Einkommen, sondern der Konsum bis zu einem gewissen Betrag steuerfrei bleiben, so Pape. „Egal ob sie mehr oder weniger konsumieren, diese Gutschrift würde nicht rückverrechnet werden und niemanden zu einem bestimmten Verhalten verpflichten. Und diese Gutschrift ist in unserem Modell das Grundeinkommen."

Neben der Konsumsteuer, die als Hauptsäule gedacht ist, um die fehlenden Einnahmen aus Einkommenssteuern und Sozial-abgaben zu übernehmen, soll eine Exportsteuer dazu beitragen, das Modell von Pape und seinen Mitstreitern zu finanzieren. Da auch hier die entsprechenden Einkünfte aus Ausfuhren wegfal-len würden, soll eine Abgabe von durchschnittlich 49 Prozent eingeführt werden, um die Exportpreise auf dem heutigen Niveau zu belassen. Diese beiden großen Steuerquellen werden durch eine Finanztransaktionssteuer ergänzt, die 0,1 Prozent vom Volumen jedes im Inland getätigten Kaufs und Verkaufs von Finanzprodukten betrifft, was gleichzeitig helfen soll, den Hochfrequenzhandel und die Entwicklung von Spekulations-blasen einzudämmen. Die letzte der vier Einnahmequellen, die der Verein vorschlägt, wäre eine progressive Vermögenssteuer. Schätzungen der Österreichischen Nationalbank zufolge gibt es in Österreich zwischen 1.000 und 1.500 Milliarden Euro an Netto-Vermögenswerten (also nach Abzug darauf lastender Schulden), die zum größten Teil in Immobilien stecken.[92] Eine

progressive Vermögenssteuer würde dem Modell der Generation Grundeinkommen zufolge mit 0,1 Prozent im Jahr für
die ersten 100.000 Euro Nettovermögen beginnen und auf
0,2 Prozent für die nächsten 100.000 Euro ansteigen und so
weiter – bis ein Steuersatz erreicht wäre, ab dem die heutige
Vermögensungleichheit nicht weiter wächst. Dieser Punkt
wäre dem BGE-Konzept zufolge bei ca. fünf Prozent erreicht.
Damit, so der Vereinsobmann, würde der Vermögenszuwachs
gedämpft und die abgeschafften Einkommenssteuern kompen-
siert werden.

Bleiben schließlich noch die Sozialleistungen. Pflegegeld,
Leistungsstipendien für Studierende und andere Unterstützun-
gen, auf die Menschen aufgrund ihrer individuellen Bedürfnisse
Anspruch haben – all das soll es auch weiterhin in der bekannten Form geben. Darüber hinaus unterscheidet die Generation
Grundeinkommen zwischen Sachleistungen (Gesundheitssystem, Kindergärten, Pflegedienste etc.) und Geldleistungen. Die
Sachleistungen möchte der Verein unangetastet lassen. Bei den
Geldleistungen würden jene Beträge, die heute geringer als das
einzuführende Grundeinkommen (Familienbeihilfe, Mindestsicherung etc.) durch das höhere Grundeinkommen ersetzt
werden. Allerdings würden Beträge, die über 1.000 Euro liegen,
bloß in ihrer Zusammensetzung, nicht jedoch in der Gesamt-
höhe verändert werden. Eine Rente von 1.500 Euro würde samt
dem Grundeinkommensbezug und einem dann geringeren
Pensionsbezug erneut wieder 1.500 Euro netto ergeben. Eine
Maßnahme, die nicht zuletzt dazu dient, ein Ansteigen der Infla-
tionsrate hintanzuhalten, die ein plötzliches, starkes Anwachsen
der Einkommen nach sich ziehen könnte.

Wie überhaupt die Teuerungsrate bei der Einführung eines
Grundeinkommens eine wichtige Rolle spielt: Wenn alle einfach

zusätzlich ihre 1.000 Euro im Monat bekommen, könnte dies zu einer Preissteigerung führen, weil ja alle mehr Geld zum Ausgeben haben. Vor allem in der Einführungsphase könnte dies erhebliche negative Auswirkungen zeigen. Hier setzt man bei der Generation Grundeinkommen auf eine sicher nicht unumstrittene Idee: So gut wie alle Einkommen sollen um genau den Betrag des Grundeinkommens gekürzt werden. Das heißt, wer zurzeit 2.000 Euro im Monat netto verdient, bekäme vom Arbeitgeber nur noch 1.000 Euro und dafür 1.000 vom Staat als Grundeinkommen, insgesamt also wieder 2.000 Euro. Nur jene, deren Einkommen unter den 1.000 Euro läge, würden auf die Höhe des Grundeinkommens aufgestockt werden.

Halten wir an dieser Stelle einmal kurz inne, um zu zeigen, was allein diese scheinbar simple Maßnahme für weitreichende Folgen haben könnte: Zum einen würde sich wohl kaum ein Arbeitnehmer auf die Hälfte seines Lohns verzichten, ohne die absolute Gewissheit zu haben, dass die andere Hälfte nicht nur heute, sondern auch in Zukunft ausbezahlt werden würde. Zum anderen würde die Höhe der Einzahlungen ins Pensionssystem sinken. Und nicht zuletzt würde es sich um einen staatlichen Eingriff handeln, der alle paktierten Lohn- und Gehaltsvereinbarungen mit einem Schlag außer Kraft setzt. Vor diesem Hintergrund sind auch die Projektionen des Vereins für Familien zu sehen: Ein Paar mit zwei Kindern, dessen Haushaltseinkommen vor der Einführung bei 2.800 Euro netto gewesen wäre, würde nun zwei Mal 1.000 Euro plus zwei Mal 500 Euro, also 3.000 Euro fix erhalten. Insgesamt also etwas mehr als zuvor. Eine alleinstehende Person, die vor der Einführung 4.000 Euro netto verdient hat, würde durch die Einkommenskürzung 1.000 Euro verlieren, mit dem Grundeinkommens-Tausender jedoch wieder genauso viel zur Verfügung haben wie zuvor.

Es ist also ganz zweifellos ein ambitioniertes Modell, das der Verein Generation Grundeinkommen da entworfen hat: die Einführung einer Konsumsteuer von 100 Prozent bei gleichzeitiger drastischer Entlastung des Faktors Arbeit, dazu Abgaben auf Vermögen, Exporte und Energie sowie eine Finanztransaktionssteuer. All das soll ein bedingungsloses Grundeinkommen für alle möglich machen. Doch was sagen die Zahlen? Ließe sich dieses Modell tatsächlich finanzieren?

## WAS WÜRDE ES KOSTEN?

Dieser Frage sind, wie bereits erwähnt, Forscher der Johannes Kepler Universität in Linz und Gesellschaft für Wirtschaftsforschung (GAW) in Innsbruck auf den Grund gegangen. Die Autoren der Studie aus dem Jahr 2020 – Florian Wakolbinger, Elisabeth Dreer und Friedrich Schneider – haben ihren Berechnungen in weiten Teilen das Modell der Generation Grundeinkommen für Österreich zugrunde gelegt, das von seinem Grundprinzip her, wie Helmo Pape immer wieder betont, auch in anderen Ländern umgesetzt werden könnte. Es handelt sich um eines der wenigen Beispiele, in denen Wissenschaftler die Finanzierbarkeit eines Modells im Detail durchgerechnet haben. Einschränkend fügen die Wirtschaftsforscher jedoch hinzu, dass sich ihre Kalkulationen an Zahlen aus dem Jahr 2018 orientieren und sie folglich nicht jene sogenannten Anpassungseffekte berücksichtigen konnten, die schlagend werden, wenn Österreich als erstes oder überhaupt als einziges Land ein bedingungsloses Grundeinkommen einführen würde. Diese Anpassungseffekte wären etwa veränderte Preis- oder Lohnniveaus, ein verändertes Konsumverhalten, der Zuzug von Menschen nach Österreich oder Veränderungen des Arbeitsangebotes, dann etwa, wenn Erwerbstätige sich nach der Einführung eines Grundeinkommens entscheiden, mehr oder weniger zu arbeiten.

96 Milliarden Euro jährlich würde die Einführung eines bedingungslosen Grundeinkommens in Österreich kosten, so die Projektionen. Auf dieser Basis operieren die Forscher mit zwei Szenarien. Das erste zeigt jene Beträge, die der Staat nach Umsetzung des Modells der Generation Grundeinkommen

## GRUNDEINKOMMEN in Österreich: Zusätzlicher jährlicher Finanzierungsbedarf des Staates
Angegeben als Saldo an- und entfallender Beträge

|  | Szenario 1 | Szenario 2 |
|---|---|---|
| BGE | € 96 Mrd. | € 96 Mrd. |
| SV-Arbeitgeberabgaben auf Gehälter von staatlichen Angestellten | € 8 Mrd. | € 8 Mrd. |
| SV-Arbeitnehmerabgaben auf Gehälter von staatlichen Angestellten | € 4 Mrd. | € 4 Mrd. |
| SV-Abgaben auf Pensionen | € 4 Mrd. | € 4 Mrd. |
| Lohnsteuern auf Gehälter von staatlichen Angestellten | € 5 Mrd. | € 5 Mrd. |
| Lohnsteuern auf Pensionen | € 9 Mrd. | € 9 Mrd. |
| Haushaltstransfers | € 11 Mrd. | € 11 Mrd. |
| Produktionsabgaben | € 2 Mrd. | € 2 Mrd. |
| Summe | € 53 Mrd. | € 53 Mrd. |
| + - Veränderung der Nettogehälter von staatlich Angestellten/Nettopensionen | 25 Mrd. | + - 0 Mrd. |
| FINANZIERUNGSBEDARF DES STAATES | 28 Mrd. | 53 Mrd. |

Anmerkung: Die Angaben beziehen sich auf das Jahr 2018 sowie ein BGE von 100/500 Euro monatlich. Quelle: Berechnungen der JKU. Aus: Florian Walkobinger, Elisabeth Dreer, Friedrich Schneider (2020). *Konsumsteuerfinanziertes BGE in Österreich.* Forschungsinstitut für Bankwesen, JKU Linz.

nicht mehr auszahlen würde. 16 Milliarden dadurch, dass die Sozialversicherungsabgaben auf Gehälter staatlicher Angestellter und auf Pensionen wegfallen, der Wegfall von Lohnsteuern auf Gehälter und Pensionen ist mit 14 Milliarden veranschlagt. Macht insgesamt 53 Milliarden Euro. Gleichzeitig würde aber die Senkung der Gehälter greifen, was den Finanzierungsbedarf des Staates sinken ließe. Unterm Strich würde das bedingungslose Grundeinkommen die Republik 28 Milliarden Euro kosten.

Das zweite Szenario zeigt, wie hoch die Kosten eines Grundeinkommens wären, wenn die Erwerbseinkommen und Pensionen nach der Einführungsphase wieder auf ihr ursprüngliches Niveau zurückkehren. Hier wird davon ausgegangen, dass die Löhne nach der Reduktion in der Anfangsphase wieder steigen – weil die nun mit einem Grundeinkommen ausgestatteten Arbeitnehmer nicht mehr unbedingt einer Erwerbsarbeit nachgehen müssen und sich so ihre Verhandlungsposition gegenüber dem Arbeitgeber erheblich verbessert. Was gut für den Arbeitnehmer ist, ist in diesem Fall schlecht für die Staatskasse: Die Kosten für ein BGE würden aufgrund der gestiegenen Nettogehälter dann 53 Milliarden Euro betragen.

Doch nun kommen die Steuerquellen aus dem Modell der Generation Grundeinkommen ins Spiel. Auch hier arbeiten die JKU-Forscher mit unterschiedlichen Berechnungs- und Entwicklungsszenarien. Am Ende jedoch bleibt die Erkenntnis: Allein eine auf 120 Prozent erhöhte Konsumsteuer sowie die Exportsteuer würden die Lücke bereits schließen. Bliebe die Konsumsteuer auf 100 Prozent, würden die zusätzlichen von Pape vorgeschlagenen Abgaben wie die Vermögens- und die Finanztransaktionssteuer die fehlenden Milliarden hereinspielen.

In Summe also, so schlussfolgern die Linzer Ökonomen, ist die Finanzierung eines Grundeinkommens nach dem Modell der Generation Grundeinkommen tatsächlich möglich. (Wobei noch einmal angemerkt werden sollte, dass Anpassungs- und Systemeffekte nicht berücksichtigt werden konnten, was die Studienautoren selbst offen sagen.) Bloß: Warum wird es dann nicht einfach umgesetzt? Weil es sich eben nicht so einfach umsetzen lässt. Weil dafür eben das Steuersystem völlig umgekrempelt werden und den Menschen zuerst klar gemacht werden müsste, dass sie nominell auf einen Teil ihres Einkommens zu verzichten haben, der eben vom Grundeinkommen ausgeglichen wird. Zudem besteht das nicht unerhebliche Risiko, dass die Preise stark steigen, dann nämlich, wenn die Löhne wieder auf ihr ursprüngliches Niveau klettern (siehe Szenario 2 in der Tabelle). Ein solcher Einkommensanstieg – und damit ein Ansteigen der Preise – wäre schwer zu verhindern, da der Staat in die Lohnverhandlungen am Arbeitsmarkt nicht so einfach eingreifen kann. Die Folge wäre, dass ein Teil des Grundeinkommens in höheren Preisen verpufft. Was gleichzeitig zu der bereits erwähnten Abwanderung von Kaufkraft in die Nachbarländer führen würde.

## VOM WILLEN ZUR UMSETZUNG

Realpolitisch hätte die Ankündigung, eine Konsumsteuer von 120 Prozent einzuführen, wohl kaum eine Chance, in das Programm einer Partei aufgenommen zu werden. Ganz gleich, ob die Gegenfinanzierung möglich wäre. Politische Botschaften vertragen sich nicht allzu gut mit komplexen Inhalten – das beweisen allein schon die ideologischen Auseinandersetzungen angesichts einer im Vergleich banalen Steuerreform. Kurzum: Es handelt sich mindestens ebenso sehr um eine Frage des politischen Willens wie der wirtschaftlichen Machbarkeit. Vielleicht bietet hier die COVID-19-Krise, deren Folgen weltweit unzählige Menschen in ihrer Existenz gefährdet hat, die Chance, umzudenken.

Das vor allem, weil auch andere Modelle zur Finanzierung eines Grundeinkommens zumindest eine genauere Betrachtung wert sind. So hat etwa Stefan Bergmann, ein gelernter Rechts- und Wirtschaftswissenschafter, in seinem Buch *In zehn Schritten zum BGE*[93], ein hochkomplexes Modell für Deutschland vorgestellt und durchgerechnet. Genau genommen handelt es sich dabei jedoch nicht um ein bedingungsloses Grundeinkommen. Zwar bekäme jeder Mensch mit Hauptwohnsitz in Deutschland eine monatliche Zahlung zwischen 450 und 860 Euro –, aber nur bis zum Alter von 64 Jahren und nur wenn er prinzipiell arbeitswillig ist – oder einen guten Grund nachweisen kann, um nicht arbeiten zu müssen (etwa Kinder, Senioren, kranke Menschen oder Frauen im Mutterschutz).

Ein solches Grundeinkommen würde Bergmanns Berechnungen aus dem Jahr 2018 etwa 713 Milliarden Euro kosten – also etwa 20 Prozent des deutschen Bruttoinlandsprodukts, das im Jahr 2019 bei 3,44 Billionen Euro lag. Weil der Staat sich damit aber auch bestimmte Zahlungen wie das Arbeitslosengeld ersparen würde, geht der Autor von etwa 650 Milliarden Euro jährlich aus – die seiner Ansicht nach über eine Einkommenssteuer von 60 Prozent (also einer Flat Tax) hereinkommen sollen. In Summe, so Bergmanns Fazit, ließe sich sein bedingungsloses Grundeinkommen in Deutschland jedenfalls finanzieren.[94] Zum gleichen Ergebnis kommt der in Hamburg lehrende Schweizer Ökonom Thomas Straubhaar: Ein Grundeinkommen in der Höhe von 1.000 Euro könne durch einheitliche Besteuerung aller Einkommen – egal ob aus Arbeit oder Kapital – in der Höhe von 50 Prozent finanziert werden.[95]

Auch in der Schweiz hat man bereits den Taschenrechner zur Hand genommen: Eine Studie, die die Finanzierbarkeit eines Grundeinkommens in Höhe von 2.500 Franken (ca. 2.350 Euro) monatlich für Erwachsene und 625 Franken (ca. 590 Euro) für Kinder in der Schweiz untersucht hat, bezifferte die jährlichen Kosten mit 208 Milliarden Franken – also rund 195 Milliarden Euro.[96] Diese könnten – so die Initiatoren der Volksinitiative zur Einführung eines bedingungslosen Grundeinkommens im Jahr 2016 – aus einer Abschöpfung aller Erwerbseinkommen bis zur Höhe des Grundeinkommens, einer Umlagerung von Sozialleistungen und neuen Steuern generiert werden.

Natürlich gilt auch hier: Die Zahlen sind immer mit Vorsicht zu genießen. Und das nicht, weil die Forscher schlecht arbeiten. Jede kleine Stellschraube, die wir drehen, bringt Veränderungen mit sich, die sich gegenseitig verstärken oder einander entgegenwirken können. Modelle sind in solchen Situationen nützlich – aber nicht als Prognoseinstrumente, sondern als Denkhilfen.

Um angesichts der unzähligen kursierenden Studien und Modellen etwas leichter die Spreu vom Weizen zu trennen, habe ich eine Checkliste für alle Interessierten angelegt.

## EIN GANZ ANDERER WEG ZUR FINANZIERUNG

Ganz gleich jedoch, woher und von wem die Modelle für ein Grundeinkommen stammen, sie haben so gut wie alle eines gemeinsam: Sie sehen neue oder erhöhte Steuern vor, um die Kosten der Auszahlungen wieder hereinzuspielen. Konsumsteuern, Klimasteuern, Finanztransaktionssteuern. Aber braucht man diese Belastungen überhaupt, um ein Grundeinkommen zu finanzieren? Oder geht es auch anders – zum Beispiel über eine

## CHECKLISTE: STUDIEN ZUM GRUNDEINKOMMEN

Wenn folgende Fragen mit einem klaren „Ja" beantwortet werden können, ist die Studie ernst zu nehmen.

1. Definiert die Studie die Begünstigten? Das heißt: Handelt es sich um ein universelles Grundeinkommen? Nur für Erwachsene? Nur für Staatsbürger?
2. Definiert sie die Bedingungen der Auszahlung eines Grundeinkommens? Das heißt: Handelt es sich überhaupt um ein bedingungsloses Grundeinkommen?
3. Lässt sich eindeutig nachvollziehen, welche Sozialleistungen das Grundeinkommen ersetzen würde?
4. Legt die Untersuchung offen, welche Aspekte in den Prognosen nicht berücksichtigt wurden (Beispiel: Es wurde angenommen, dass sich das Verhalten der Menschen nach der Einführung des Grundeinkommens nicht verändert)?
5. Hat die Studie die ganze Bandbreite der möglichen positiven und negativen Auswirkungen im Blick, auch nichtfinanzielle (zum Beispiel bessere Gesundheit, Anwachsen oder Absinken des Arbeitskräfteangebotes etc.), selbst wenn einzelne dieser Faktoren nicht beziffert werden können?

Erhöhung der Staatsausgaben? Was auf den ersten Blick vielleicht verrückt klingt, hat ihren Ursprung in einer Theorie, die in den letzten Jahren immer stärker Beachtung gewonnen hat, auch unter etablierten Ökonomen: Die sogenannte Modern Monetary Theory (MMT). In ihrer Neuinterpretation des vom deutschen Ökonomen Georg Friedrich Knapp begründeten Chartalismus – der Idee, dass der Wert des Geldes durch seine soziale Akzeptanz als Zahlungsmittel und nicht auf seinem Gold- bzw. Güterwert basiert – erklären ihre Verfechter wesentliche Punkte ökonomischen Denkens schlicht zu Mythen.[97] Einer dieser Mythen, die von der Vordenkerin der Bewegung, der Wirtschaftswissenschaftlerin Stephanie Kelton, identifiziert wurde, ist die Vorstellung, dass der

Staat ein „Haushalt" wie jeder andere auch sei – der nämlich das Geld erst verdienen müsse, bevor er es wieder ausgeben könne. Einzelne Haushalte sind ja nicht in der Lage, selbst Geld drucken, Staaten jedoch schon, zumindest jene, die ihre eigene Währung haben und Zinssätze selbst festsetzen können. Natürlich können sie dies nicht unbeschränkt tun, räumen die Vertreter der MMT ein: Die Geldmenge müsse durch wirtschaftliche Aktivität gedeckt sein, womit auch die Inflation unter Kontrolle bleibt. Aber das politische Dogma, jeder Dollar oder Euro, der ausgegeben werde, müsse zuerst vom Staat verdient werden, sei falsch.

## SCHULDEN SIND KEINE SÜNDE

In der Eurozone ist die Sache etwas komplizierter, weil einzelne Länder eben keine eigene Währung haben und die Europäische Union kein Bundestaat mit Steuerhoheit ist. Aber auch hier gilt: Der Staat kann ohne Probleme mehr ausgeben, als er einnimmt. Die Europäische Zentralbank (EZB) in Frankfurt hat dies wiederholt getan. Nach der Bankenkrise, als es der EU nicht gelang, sich aus der Rezession zu befreien, erklärte der damalige EZB-Chef, alles zu tun, was nötig sei, um die Krise zu bewältigen.[98] Das Ergebnis war ein Programm der „quantitativen Lockerung". Dabei wurden Hunderte von Milliarden von Anleihen der Banken in Euros umgetauscht. Mit anderen Worten: Die EZB hat Geld gedruckt. Allerdings ging das Geld nicht an die Bürger oder in die Verbesserung öffentlicher Infrastrukturen wie Straßen, Krankenhäuser oder Schulen. Es ging an Banken, die es zur Stützung ihrer zerrütteten Bilanzen verwendeten.

Das Staatsdefizit, so argumentieren MMT-Wirtschaftswissenschaftler wie Wynne Godley, sei nicht die Sünde, als die es insbesondere deutsche Ökonomen und Politiker dargestellt haben. Es sei einfach Unsinn, die „schwarze Null" zu einer Art moralischer Errungenschaft zu erheben, zu einer Übung in finanzieller moralischer Rechtschaffenheit. Ökonomen wie Godley denken stattdessen über staatliche Zahlungen und Steuern in buchhalterischen Begriffen, sie gehen davon aus, dass jede Zahlung irgendwo herkommen und irgendwo hingehen muss. Vereinfacht ausgedrückt: Jede Zahlung, die der Staat leistet, muss entweder in die Taschen der Bürger oder der Unternehmen gehen. Ein Minus für den Staat – ein Staatsdefizit – ist also immer ein Plus in der Zivilgesellschaft. Ein Defizit ist kein Problem, solange sichergestellt ist, dass die Investitionen zu einer Ankurbelung der Wirtschaft führen und die Inflation unter Kontrolle ist. Die letzten Jahrzehnte, so die Proponenten der MMT, haben dies bewiesen: Trotz massiver Geldschöpfung durch die quantitative Lockerung und extrem niedrige Zinssätze ist die Inflation hartnäckig niedrig geblieben (nur dass das Geld halt nicht an die Menschen, sondern in den Finanzsektor ging). Dass Staatsausgaben die Inflation in die Höhe treiben, ist eben kein Naturgesetz.[99]

Bleibt eigentlich nur die Frage: Was ist eigentlich die Aufgabe von Steuern? Laut der MMT haben sie nicht, wie häufig angenommen, die Funktion, dem Staat Geld zur Finanzierung des öffentlichen Lebens zu verschaffen. Steuern haben, so argumentiert Stephanie Kelton in ihrem vielbeachteten Buch *The Deficit Myth*[100] vor allem vier Hauptfunktionen: Sie bringen Leute dazu, Dinge zu tun, die (in aller Regel) der Allgemeinheit nutzen, wie Güter zu produzieren oder Dienstleistungen zu erbringen. Schließlich müssen sie ja arbeiten, um Steuern zahlen zu können. Zweitens dienen sie der Inflationsbekämpfung. Drittens der Umverteilung; und viertens haben sie einen Steuerungseffekt:

Steuern auf Tabak und Alkohol sollen Menschen dazu bringen, weniger schädliche Dinge zu konsumieren.

Der springende Punkt ist also nicht, wie hoch die Staatsausgaben sind, sondern wofür das Geld ausgegeben wird. Und obwohl es keinen besseren Grund geben, Geld auszugeben, um Menschen ein sicheres Einkommen zu verschaffen, braucht es daneben noch etwas anderes – und das sehen wir uns im nächsten Kapitel an.

· · · · ·

# KAPITEL 8

# CASH ODER COW?

## HEISST GRUNDEINKOMMEN IMMER GELD?

Gemma und David leben in Blackpool, einer Stadt an der englischen Westküste. Mit ihren 140.000 Einwohnern ist sie ungefähr so groß wie Salzburg. Doch damit hat es sich bereits mit den Gemeinsamkeiten: Blackpool ist eine der ärmsten Regionen des Vereinigten Königreichs. Bereits vor der COVID-19-Krise, die England besonders hart traf, lag die Arbeitslosigkeit im Jahr 2019 bei 5,6 Prozent und damit deutlich über dem Landesschnitt von 3,9 Prozent. Im 19. und in der ersten Hälfte des 20. Jahrhunderts jedoch war das an der Irischen See gelegene Städtchen ein prosperierender Tourismusort, der mit seinen kilometerlangen Sandstränden jeden Sommer unzählige Badeurlauber anzog. Mit der Eröffnung der ersten Eisenbahnstation im Jahr 1846 erfuhr der Küstenort eine wirtschaftliche Hochblüte; zwischen 1880 und 1950 wuchs die Bevölkerung von 14.000 auf fast 150.000 Einwohner – also mehr, als die Stadt heute hat. Viele der Gäste kamen aus den Industriehochburgen des englischen Nordens, in denen die Fabriken während der Saison für die sogenannten „Wellen-Wochen" schlossen, um den Werktätigen ein wenig Erholung am Meer zu ermöglichen.

Doch als in den 1960er und 1970er Jahren der Tourismus einbrach, waren die großen Zeiten vorüber. Immer mehr britische Familien konnten sich Fernreisen leisten, internationale Touristen hatte die englische Kleinstadt schon zuvor nicht wirklich angezogen. Mit dem Aufkommen der Billigflüge und Pauschalreisen in den 1990ern ging es mit Blackpool noch steiler bergab. Obwohl in den letzten zehn Jahren hunderte Millionen britischer Pfund in die Modernisierung von Blackpool investiert wurden, kamen der alte Glanz und die Touristenscharen nie wieder zurück.

Erstaunlicherweise wächst die Bevölkerung der Stadt in der jüngsten Vergangenheit dennoch wieder – und das nicht, weil es der Region wirtschaftlich besser, sondern immer schlechter geht. Aus dem ganzen Land zieht es vor allem Menschen ohne fixen Job und geregeltem Einkommen in den Norden. Und das vor allem, „weil es hier die niedrigsten Mieten im Land gibt", wie Gemma erzählt. Die Ärztin und ihr Mann David, ein Anthropologe, sind in Blackpool aufgewachsen, in einem Viertel, das damals zu den besseren Gegenden zählte. Heute lässt sich hier eine kleine Wohnung für unter 300 Euro im Monat mieten; günstiger bekommt man in Großbritannien kaum eine vergleichbare Bleibe, in London kostet einen Parkplatz so viel.

Der starke Zuzug von armen Menschen schlägt sich nicht zuletzt in der Arbeits- und Gesundheitsstatistik nieder: Im Blackpool des Jahres 2020 ist einer von zehn Einwohnern zu krank, um einer Erwerbsarbeit nachzugehen, und lebt von Sozialleistungen.[101] Zwischen 73 und 110 Pfund (rund 82 bis 123 Euro) bekommt man in der Woche, Beträge, die nur in einer Stadt wie Blackpool zum Überleben reichen. „Fast überall anders müssen sich diese Leute überlegen, ob sie im Winter lieber essen oder heizen wollen – eat or heat", meint David. Früher, erzählt er, wären es meist ältere Männer gewesen, die arbeitslos wurden. Heute seien es vor allem Jüngere mit niedriger Bildung und psychischen Problemen, die auf staatliche Hilfe angewiesen seien.

David und Gemma waren High-School-Sweethearts, nach dem Schulabschluss gingen sie nach London, um zu studieren. Die Arzt-Tochter wurde in einer renommierten Hochschule zum Medizinstudium zugelassen, ihren Freund zog es Richtung Naturwissenschaften, am Anfang lebten sie in einer kleinen Wohnung im Süden Londons. Nach dem Studium fand Gemma einen Job in einem Londoner Krankenhaus, David ging in die Forschung. Von ihrem Jahresgehalt, das mit insgesamt 90.000 Pfund (100.000 Euro) verhältnismäßig hoch war, konnten sich die beiden dennoch keine eigene Wohnung in zentraler Lage leisten. Also zogen sie in eine Wohngemeinschaft in Islington. Drei Jahre später kam der erste Sohn zur Welt, wiederum drei Jahre danach der zweite. Jetzt musste eine größere Wohnung her, am besten im Eigentum – doch die war für die Akademiker nicht zu bezahlen. Mit ihrem Einkommen würden sie in London und bei durchschnittlichen Preisen für ein Eigenheim in Höhe von 700.000 Pfund, also rund 770.000 Euro, nicht einmal einen Kredit aufnehmen können.

Also mussten sie einen radikalen Schritt wagen: Zurück aufs Land. Eine Verkettung von Zufällen – David hatte an einer Uni in Nordengland einen neuen Job in Aussicht – verschlug es sie in die Nähe ihrer alten Heimat Blackpool, nach Poulton-le-Fylde. Dort fanden sie nicht nur ein bezahlbares Haus, auch Davids Vater lebte hier. Dass der Großvater bei der Betreuung seiner beiden Enkelkinder mithelfen konnte, war aber nicht der einzige Grund, warum die Jungeltern in die Kleinstadt und nicht zurück nach Blackpool zogen: Poulton war im Vergleich zu ihrer Heimatstadt, in der immer mehr Viertel verwahrlosten und die Kriminalität hoch war, ein sicheres, beschauliches Städtchen. „Montags gibt es hier einen Bauernmarkt, samstags treffen sich die Familien in den Kaffeehäusern und Pubs und plaudern, während die Kinder im Freien spielen. Das würde in Blackpool nicht gehen", sagt David. „Viel zu gefährlich."

## SPAREN FÜR DIE KARRIERE

Den Weggang in die nordenglische Provinz erleichterte Gemma und David nicht zuletzt der Wegfall eines Großteils der Kosten für die Betreuung der Kinder. Die Gebühren für Privatschulen fressen in Großbritannien ein riesiges Loch in die Geldbörsen der Eltern. Allein für den Besuch von Grundschulen sind umgerechnet 22.000 Euro pro Kind und Jahr zu berappen, das sind etwa zwei Drittel des medianen Jahreseinkommens im Vereinigten Königreich.[102] Für gute Mittelschulen sind es an die 40.000 Euro pro Kind. Der Grund, warum auch jene, die das Geld eigentlich nicht haben, diese Summen ausgeben, liegt vor allem daran, dass im Vereinigten Königreich die Wahl der Bildungseinrichtung die spätere Chance im Leben viel stärker beeinflusst als in anderen europäischen Ländern. Möglichst klingende Namen bestimmen, in welche Netzwerke man kommt und welche Hochschulen man einmal besuchen darf. Renommee und Ranking der Uni wiederum beeinflussen die Berufschancen. „Als Elternteil muss man mehr oder weniger schon vor der Geburt damit beginnen, die Karriere des Kindes zu planen – und zu sparen", sagt David.

Gemma und David hingegen hatten Glück. Sie fanden in Poulton eine gute öffentliche Schule mit tadellosem Ruf. Wären sie in London geblieben, hätten sie für eine Privatschule pro Kind 20.000, 30.000 Euro Schulgeld aufbringen müssen. Das zweite Kind wäre sich bei ihrem Einkommen wohl gar nicht mehr ausgegangen.

Von Wohlstand sind die beiden dennoch weit entfernt. Und das, obwohl Gemma ihren Job als Krankenhausärztin wieder aufgenommen hat. Schon jetzt müssen sie Geld zur Seite legen, um die Ausbildung der Kinder nach der öffentlichen Grundschule zu finanzieren, auch sie sollen einmal studieren. Zusätzlich legen die Eltern angesichts steigender Mietkosten einen Grundstock an, um die beiden später einmal unterstützen zu können. Und dann ist da noch der Kredit fürs Haus, der zurückgezahlt werden muss. „Versteh' mich nicht falsch", meint Gemma. „Uns geht es besser als den meisten Menschen im Land – und ganz sicher besser als 99 Prozent der Menschen in Blackpool. Ich will mich nicht beklagen. Aber auch wir spüren den Druck." Das ist mein Signal. „Meint ihr, dass ein bedingungsloses Grundeinkommen eine Lösung wäre?", frage ich. „Für euch, aber auch für andere Menschen in England, die weit weniger haben?" Während Gemma noch nachdenkt, schüttelt David bereits den Kopf: „Das ist eine richtig schlechte Idee", sagt er. Zwar würde ein universelles und bedingungsloses Einkommen die Lage einiger Menschen verbessern und psychische Belastungen reduzieren. Und es würde vielen die Demütigung zu ersparen, als Bittsteller bei Behörden vorzusprechen. „Aber in Wahrheit lenkt ein Grundeinkommen von den echten Problemen ab."

Probleme, die im England des Jahres 2020 so aussehen: Nach Jahrzehnten, in denen Finanzierung von öffentlichen Dienstleistungen immer weiter zurückgefahren wurde, liegt das öffentliche Schulsystem vielerorts darnieder. Die Bahnen wurden privatisiert, Tickets sind für viele kaum mehr leistbar. Das Gesundheitssystem ist finanziell regelrecht ausgehöhlt worden, nach dem Brexit hat die Abwanderung von ausländischen Krankenpflegern und anderen Fachkräften aus dem Gesundheitsbereich dazu geführt, dass das National Health Service an vielen Orten nicht mehr in der Lage ist, seinem Auftrag nachzukommen.[103] Das Mobilfunknetz ist am flachen Land in vielen Gegenden löchrig. Leistungsfähiges mobiles Internet gibt es längst nicht flächendeckend. Die Sparpolitik seit der Bankenkrise 2008 hat weiter zum Verfall der öffentlichen Infrastruktur beigetragen. Auch in Blackpool.

„Die wenigen Touristen, die aus anderen Ländern zu uns nach Nordengland kommen, erschrecken regelrecht", erzählt Gemma. „Sie glauben, sie würden in eine schöne englische Stadt kommen – und dann sehen sie ausgestorbene Straßen mitten im Zentrum mit zugeklebten und zerbrochenen Schaufenstern, geschlossenen Pubs und aufgelassenen Bibliotheken. Die Parks sind verdreckt. Und der öffentliche Nahverkehr funktioniert mehr schlecht als recht. Die Krankenpfleger und Ärzte aus Indien oder Pakistan, die in meinem Krankenhaus arbeiten, sagen oft, dass die Spitäler in ihrer Heimat moderner ausgestattet sind als hier bei uns."

## VON DER UM-VERTEILUNG
## ZUR VOR-VERTEILUNG

Investitionen in die marode Infrastruktur – das würde sich Gemma wünschen. Die würden mehr bringen als die Einführung eines bedingungslosen Grundeinkommens. Außerdem fürchtet sie, dass sich dann der Staat noch weiter zurückziehen würde: „Die Politik könnte sagen: Du bekommst jetzt ja dein Grundeinkommen. Dann kauf dir dafür ein Auto oder ein Fahrrad, Busse brauchen wir jetzt keine mehr. Und weil die Leute daheimbleiben und nicht mehr in die Arbeit pendeln, können wir den Unterhalt für Bahnen kürzen und die Zugverbindungen weiter zurückfahren."

Ein klassisches Dilemma: Für die öffentliche Infrastruktur, von der vor allem Familien oder Geringverdiener profitieren würden, ist kein Geld mehr da. Wie soll sich dann noch die Finanzierung eines bedingungslosen Grundeinkommens ausgehen? Die Lösung könnte eine Art Mittelweg sein: die Universal Basic Services. Seit Jahren tüftelt eine Gruppe von Forschern am Institut for Global Prosperity des University College London an diesem System, in dessen Mittelpunkt ein gezielter Ausbau öffentlicher Dienstleistungen und Infrastruktur steht. Ein Ansatz, so die

Wissenschaftler, der allen Menschen zugutekommen würde und der den größten und schnellsten Effekt auf die öffentliche Wohlfahrt haben soll.

Wörtlich übersetzt meint der Begriff der Universal Basic Services „bedingungslose Grund-Dienstleistungen". Um als solche zu gelten – und von anderen Dienstleistungen wie dem Reinigen einer Wohnung oder dem Servieren von Fish and Chips unterscheidbar zu sein –, müssen sie im öffentlichen Interesse stehen und Grundbedürfnisse abdecken. Zudem sollen sie universell und bedingungslos sein, also nicht nur für Besserverdiener zugänglich sein.[104] Es handelt sich also um Sach- und Dienstleistungen, die nicht nur einzelnen Personen oder Haushalten, sondern der Gesellschaft als Ganzes zugutekommen.

Um diesen Unterschied entsprechend einzuordnen, ist ein mentaler Registerwechsel erforderlich: Die Einführung eines Systems umfassender bedingungsloser Grund-Dienstleistungen würde effektiv eine Bewegung weg von Maßnahmen der Redistribution, also der Umverteilung, hin zu einem System der Prädistribution, also der Vorverteilung, bedeuten. Umverteilungsmaßnahmen sind jene Praktiken und Instrumente, die aus Einkommen und Kapital entstandenes Vermögen umverteilen; typische Beispiele dafür sind progressive Steuersätze oder steuerfinanzierte Gesundheitssysteme. Prädistribution hingegen meint jene Maßnahmen, die Vermögen und Wohlstand in der Bevölkerung verteilt, bevor sie sich bei einzelnen Personen konzentrieren – etwa aufgrund hoher Einkommen oder Erbschaften. Steuerfinanzierte staatliche Bildung ist eine typische prädistributive Maßnahme: Menschen in Ländern mit einem entsprechend ausgebauten System müssen folglich ein großes Vermögen haben, um Bildung zu bezahlen zu können oder dafür Kredite aufnehmen. Arbeitsmarktpolitische und sozialpartnerschaftliche Instrumente

wie Kollektivverträge oder Mindestlöhne gehören ebenfalls in die
**Werkzeugkiste** der Prädistribution.

Vor diesem Hintergrund ist der Vorschlag der britischen
Wissenschaftler zur Einführung bedingungsloser Grund-Dienstleistungen zu verstehen. Sie sollen den Forschern zufolge aus
Steuern finanziert und allen Menschen im Land kostengünstig
oder sogar kostenlos zur Verfügung stehen – und ganz im Sinne
eines nachhaltigen Wirtschaftens angelegt sein. Seit die Idee im
Jahr 2017 erstmals in einem Bericht veröffentlicht wurde, hat sie
zahlreiche Anhänger gefunden; auch einige Organisationen wie
die New Economics Foundation, ein Londoner Think-Tank, der
sich der Umsetzung sozialer, wirtschaftlicher und ökologischer
Gerechtigkeit verschrieben hat, gehört zu den prominenten Vertretern dieses Ansatzes.

### DIE WERKZEUGKISTEN DER UM- UND VORVERTEILUNG

| Umverteilung (Redistribution) | Vorverteilung (Prädistribution) |
| --- | --- |
| • Progressive Einkommenssteuern | • Bedingungslose Grund-Dienstleistun-gen wie: |
| • Vermögenssteuern |    Sozialer Wohnbau<br>   Kostenlose Schulbildung |
| • Arbeitslosenversicherung |    Kostengünstige Hochschulbildung<br>   Hochwertige und kostenlose bzw. |
| • Mindestsicherung |    günstige Gesundheitsleistungen<br>   (Krankenversorgung, aber auch |
| • Subventionen für Unternehmen und Einrichtungen |    Krankheitsprävention)<br>• Regulierung von Kapital- und Finanzmärkten |
| • Stipendien und Förderungen für sozial bedürftige Menschen | • Staatliche Job-Garantien<br>• Bedingungsloses Grundeinkommen |

Doch welche Bereiche gehören den Plänen nach zu den „Universal
Basic Services"? Auf alle Fälle Gesundheit (wozu auch Pflege und
soziale Fürsorge gehören), Bildung, Rechtsstaat und Demokratie,

Unterkunft, Nahrung, Transport sowie Information. In manchen Vorschlägen sind auch leistbare Kinderbetreuung und explizit die Betreuung älterer Menschen enthalten.[105] Teile davon – etwa der kostenlose Zugang zu Gesundheitsversorgung und öffentlicher Schulbildung – sehen die Autoren im Vereinigten Königreich bereits verwirklicht. (Was Gemma und David ganz und gar nicht so sehen. Sie würden entgegenhalten, dass die Sparpolitik der konservativen Regierungen hier bereits schweren Schaden angerichtet hat und immer mehr Kosten auf die Bürger des Landes abgewälzt werden.)

Aber was bedeutet dieser Ansatz konkret? Basierend auf ihren Studien und Berechnungen sehen die Modelle der Londoner Wissenschaftler den Bau von 1,5 Millionen neuen Wohnungen vor, um den Bestand an Sozialwohnungen im Land innerhalb von sieben Jahren zu verdoppeln. Die Gesamtkosten für dieses Bauprogramm werden auf etwa 283,5 Milliarden Pfund (318 Milliarden Euro) geschätzt.[106] Diese Wohnungen sollen allen bedürftigen Menschen kostenlos zur Verfügung gestellt werden. Zusätzlich erhalten alle Bezieher von geringen Einkommen einen Zuschuss zu Heiz-, Strom- und Betriebskosten. Gleichzeitig sieht das Konzept eine Ausweitung von Programmen vor, die bereits jetzt sozial schwachen Kindern und Erwachsenen kostenlos Lebensmittel oder Mahlzeiten zur Verfügung stellen. Der „Freedom Pass", der bislang Senioren im Vereinigten Königreich gestattet, in ihrer Stadt kostenfrei den Nahverkehr zu nutzen, soll auf alle Altersgruppen ausgeweitet werden. Fünf Milliarden Pfund, rund 5,6 Milliarden Euro, werden pro Jahr allein für diese Maßnahme veranschlagt. Der freie Zugang zur digitalen Infrastruktur und damit zu unterschiedlichen Informationsquellen schlägt sich mit 20 Milliarden Pfund (22 Milliarden Euro) jährlich nieder, immerhin etwa 2,5 Prozent der Gesamtausgaben des Vereinigten

Königreichs, die sich Jahr 2017 auf umgerechnet 890 Milliarden Euro beliefen.

Trotz der auf den ersten Blick gewaltigen Beträge gehen die Autoren der Studien davon aus, dass die Erbringung dieser Leistungen möglich ist, ohne das britische Haushaltsbudget zum Kollaps zu bringen. 2,3 Prozent des britischen Bruttoinlandsprodukts müssten dafür jährlich aufgewendet werden, eine Milliarden-Summe die durch das Absenken der individuellen Steuerfreigrenze von derzeit umgerechnet 13.900 Euro auf etwa 4.800 Euro pro Jahr herein gespielt werden soll[107], wobei die bisherigen Sozial- und Transferleistungen bestehen bleiben sollen. (Zum Vergleich: In Deutschland liegt, wie bereits in Kapitel 3 ausgeführt, der Grundfreibetrag derzeit bei 9.400, in Österreich bei 12.000 und in der Schweiz bei umgerechnet rund 12.900 Euro.)

In der Politik kommt der eigentlich ziemlich simple Plan jedoch weniger gut an. Die Linke argwöhnt, dass dann viel mehr Bezieher von niedrigen Einkommen steuerpflichtig werden würden. Rechts der politischen Mitte stemmt man sich dagegen, öffentliche und soziale Dienstleistungen wieder auszubauen – was vermutlich erklärt, warum die Idee bisher nicht umgesetzt wurde.

Abseits der bloßen Zahlen eröffnet das System der bedingungslosen Grund-Dienstleistungen aber vor allem die Chance, die schlimmsten Effekte einer der größten gesellschaftlichen Transformationen abzufedern: die Automatisierung menschlicher Arbeitskraft. Viele Experten gehen davon aus, dass der verstärkte Einsatz digitaler Technologien, von Robotern und Künstlicher Intelligenz, nicht nur Arbeitsplätze schaffen wird, sondern eine Reihe von Berufen zum Verschwinden bringt. Nur komplexe Tätigkeiten, die unvorhersehbaren Abläufen folgen, sowie Fähigkeiten, die Kreativität und kritisches Denken erfordern, sind davon in absehbarer Zeit ausgenommen. Jene Menschen jedoch, die diese

Kompetenzen nicht haben und auch nicht erlernen können oder wollen, werden am Arbeitsmarkt der Zukunft keinen Wert mehr haben. Und das ist ein beträchtlicher Teil unserer Gesellschaft. Und diesen Menschen, davon ist David überzeugt, wird auch ein bedingungsloses Grundeinkommen nicht wirklich weiterhelfen. „Die lassen sich doch nicht einfach mit einer monatlichen Geldsumme abspeisen, mit der man ihnen quasi sagt: Sei still und such' dir eine Beschäftigung. Die wollen ja auch Sinnvolles leisten und etwas zur Gesellschaft beitragen, an ihr teilhaben." Und dafür, davon ist David überzeugt, brauche es öffentliche und private Orte zum Austausch. Es bedarf Kunst, Sport, und Kultur. Und zwar nicht in jenem Sinne, wie diese Begriffe in den USA verstanden würden: „Dort funktioniert Kultur und Spiritualität nach dem Marktprinzip: Es überlebt nur das, wofür es genug zahlende Kunden gibt. Außer es wird von einigen wenigen Reichen nachgefragt, die es mit ihrem Vermögen finanzieren können." Damit macht sich David, ob bewusst oder unbewusst, fast schon zu einem Anhänger des Konzepts der Grund-Dienstleistungen, das eben besagt, zuerst die tatsächlich wichtigen Bedürfnisse der Menschen aus Steuermitteln zu befriedigen: Bildung, sichere öffentliche Räume und Infrastruktur, Wohnen, Gesundheitsversorgung. Und erst dann sollte man darüber nachdenken, auf dieses Modell ein Grundeinkommen gewissermaßen draufzusetzen.

## ALLES EINE FRAGE DER RELATION

Tatsächlich ist das ein wichtiger Punkt: Vor der Einführung dieser Grundsicherung müsste die Frage geklärt werden, welche Grund-Dienstleistungen zu welchen Kosten verfügbar sind – was wiederum darüber Auskunft geben würde, wie viel das

Grundeinkommen tatsächlich am Markt wert ist. Schließlich würde auch ein relativ hoher Betrag nur wenig bringen, wenn damit exorbitant hohe Mieten und Transportkosten, teure Kinderbetreuung oder eine zusätzliche private Krankversicherung bezahlt werden muss. „Da ist es mir dann lieber, kein Grundeinkommen zu haben und diese Dinge vom Staat zu bekommen", sagt Gemma. „So wie es früher war, vor Thatcher. Man muss das Rad ja gar nicht neu erfinden." Und in der Tat haben viele Staaten bedingungslose Grund-Dienstleistungen bereits verwirklicht. Ohne es konkret so zu benennen, werden hier Leistungen, die im britischen Vorschlag gefordert werden, schon oder noch angeboten: So können Bezieher von Mindestsicherung Museen, Theater und Kultureinrichtungen kostenfrei besuchen. Bildung und Gesundheit werden sowohl in Deutschland, Österreich und der Schweiz als Staatsaufgabe verstanden. Für die öffentliche universitäre Ausbildung werden in Österreich nur geringe Gebühren eingehoben, rund 360 Euro pro Semester für EU-Bürger. In Deutschland und der Schweiz verhält es sich ähnlich, wenngleich mit regionalen Unterschieden. Der Schulbesuch ist in all diesen Ländern kostenfrei. Ebenso wird der öffentliche Nahverkehr für bestimmte Gruppen wie Senioren, Kinder oder Studierende stark subventioniert. In Tallin, der Hauptstadt von Estland, ist der öffentliche Nahverkehr überhaupt gratis. Und Luxemburg führt gerade kostenfreien öffentlichen Verkehr im gesamten, zugegeben recht kleinen Staatsgebiet ein.

Mit Blick auf diese Angebote ließe sich natürlich sagen: Alles ist gut, bedingungslose Grund-Dienstleistungen gibt es bereits, der Sozialstaat kümmert sich um die Bedürftigen, vielleicht hilft dieses Konzept ja in Ländern mit malader Infrastruktur. Doch die Initiatoren denken weiter. In ihrem System soll es einen Rechtsanspruch auf bedingungslose Grund-Dienstleistungen geben, die wiederum Teil eines nachhaltigen und ökologisch verträglichen Wirtschaftssystems sind. Die Rolle des Staates besteht darin, Qualitätsstandards vorzugeben und den Zugang zu den Angeboten sicherzustellen. „Wir wollen nicht einfach zurück in die sogenannte gute, alte Zeit", meint die britische Sozial- und Gesundheitsexpertin Anna Coote, die sich in einem Buch des Themas angenommen hat.[108] Stattdessen sollen nicht nur der Staat, sondern auch Kooperativen, soziale Unternehmen und Vereine diese Grund-Dienstleistungen erbringen. Ergo müssten auch in Ländern, die noch über funktionierende öffentliche Infrastrukturen und Dienstleistungen verfügen, ein Umdenken einsetzen: Grund-Dienstleistungen sind etwas, das von Bürgern für Bürger erbracht – und aus Mitteln der öffentlichen Hand finanziert wird.

## ZU VIEL MACHT FÜR DEN STAAT?

Für die Vertreter des Ausbaus von bedingungslosen Grund-Dienstleistungen hätte dieses Mischsystem nicht zuletzt einen Vorteil: Der Staat ist nicht die einzige Institution, die so gut wie alles, was ein Mensch grundsätzlich zum Leben benötigt, zur Verfügung stellt. Aber trotzdem: Er ist die Stelle, die das finanziert. Dies bedeutet aber auch, dass diese Leistungen nach einem Regierungswechsel oder einer größeren finanziellen Krise prompt wieder abgeschafft werden könnten, ein Problem, das ich in Kapitel 3 unter dem Schlagwort „einzelner Hebel" bereits beschrieben habe. Indem die Leistungen von mehreren Anbietern erbracht werden, so die Initiatoren, wäre es aufgrund der größeren Bandbreite der beteiligten Institutionen zumindest schwieriger, das System einfach wieder abzuschaffen. Damit wäre es weniger stark von Wahlergebnissen oder politischen Stimmungen abhängig.

Schließlich gibt es auch die Anhänger eines möglichst schlanken, effizienten Staates, der den Bürgern vorderhand größere Freiheiten gewähren will. „Und diesen Gedanken verstehe ich sogar", sagt Gemma, die in ihrem Leben meist Labour gewählt hat. „Nicht, weil ich glaube, dass mehr Staat prinzipiell schlecht ist. Aber es ist schon die Frage, wer gerade an der Macht ist. Wenn man von Politikern wie Boris Johnson regiert wird, ist weniger Staat vielleicht sogar besser. Transparenz und Rechenschaftspflicht existieren zwar am Papier, aber in Wahrheit wird das alles unter den Tory-Boys und -Girls ausgemauschelt."

Falls irgendeine Regierung, so fürchtet die Ärztin, den Ausbau bedingungsloser Grund-Dienstleistungen forcieren würde, könnte dieses Modell irgendwann auch das Schicksal des britischen Gesundheitssystems ereilen, das jahrzehntelang in aller Welt als Inbegriff solidarischer, qualitativ hochwertiger und bezahlbarer Gesundheitsversorgung galt – bis es schrittweise immer weniger öffentliche Förderung erhielt und nun kaum noch funktioniert: „Am Papier ist es öffentlich finanziert und gemeinnützig. Aber hinterrücks werden immer größere Teile davon privatisiert", sagt Gemma, die nicht ohne Grund eine gewisse realpolitische Skepsis an den Tag legt: „Allein der Ausbau des Transport- und Mobilnetzes durch den Staat würde ziemlich sicher bedeuten, dass die jeweilige Regierung ihren Freunden in der Privatindustrie große Aufträge zuschanzen wird." Auch aus diesem Grund, betonen die Vertreter der bedingungslosen Grund-Dienstleistungen, sollen Kooperativen und Vereine und nicht ausschließlich profitorientierten Unternehmen die Leistungen erbringen.

Für David hingegen wären in der Tat bedingungslose Grund-Dienstleistungen die beste aller Lösungen. Zwar nicht perfekt, aber „the way to go". Auch Blackpool, davon ist er überzeugt, würde wieder ein lebenswerter Ort: Das Öffi-Netz könnte ausgebaut, geschlossene Bibliotheken wieder aufgesperrt und modernisiert werden. Staat und Kommunen würden wieder in hochwertigen, dennoch leistbaren Wohnraum investieren. Es würden mehr Kinderbetreuungsplätze zur Verfügung stehen, „kostenlos, oder zumindest sozial gestaffelt". Gleichzeitig würde die Ghettoisierung abgebaut werden, weil zumindest der Zwei-Klassen-Charakter des Bildungssystems abgemildert werden würde. Damit die guten Schulen nicht nur in jenen Gegenden sind, wo die Reichen wohnen.

In der Tat spricht einiges dafür, dass bedingungslose Grund-Dienstleistungen dazu beitragen könnten, den öffentlichen Raum neu zu beleben und damit jenen wieder mehr Teilhabe an der Gesellschaft zu ermöglichen, für die Mobilität, Bildung, Wohnen, Kultur, Sport kaum oder nicht mehr leistbar ist. Revitalisierte Parks hätten wieder soziale Funktionen im städtischen Alltag, und gut funktionierender öffentlicher Nahverkehr würde die neue „Volkskrankheit Einsamkeit"[109] bekämpfen (die viele Menschen in der Tat krankmacht).[110] Statt sich mit kommerziellen Internet-Anbietern und deren schlechten Funknetzen herumzuärgern, könnte die Stadt schnelles, flächendeckendes Internet gratis zur Verfügung stellen. Statt Uber kommt das von der Regionalverwaltung mitfinanzierte Sammeltaxi. Klingt super, nahezu utopisch. Aber ist der Ausbau solcher Grund-Dienstleistungen mit einer Idee des Grundeinkommens wirklich unvereinbar?

Ich glaube nicht. Wie es gelingen kann, beides miteinander zu verbinden, steht im letzten Kapitel.

· · · · ·

# KAPITEL 9

# MEHR ALS EINE UTOPIE

## WIE ES GELINGEN KANN

Matthias ist Hotelier. Der 57-Jährige führt in einem Tiroler Skiort einen Hotel-Gasthof mit mehreren Dutzend Zimmern. Seit mehreren Generationen ist der ansehnliche, mehrfach ausgebaute Betrieb in Familienbesitz. Obwohl die Corona-Krise auch Matthias' Unternehmen hart getroffen hat, steht es für ihn außer Frage, dass es weiter gehen muss: „Uns gibt es hier seit über hundert Jahren. Wir lassen uns von einem Virus nicht unterkriegen." Obwohl: Leicht ist es für den Tiroler und seine Familie nicht. Seine hochbetagten Eltern mussten mit ihrem längst abbezahlten Eigenheim für einen Kredit bürgen, der es Matthias nach dem Lockdown ermöglichte, im Frühsommer 2020 wieder aufzusperren. „Wobei nicht klar ist, wie viele Gäste überhaupt wiederkommen, vor allem im Winter. Die Ischgl-Sache hat dem Tourismusland Tirol natürlich massiv geschadet", meint Matthias.

Keine zwei Autostunden entfernt liegt jener Skiort, der als ein Epizentrun der Corona-Epidemie für negative Schlagzeilen sorgte. Aber das ist nicht seine einzige Sorge: In Tirol herrscht chronischer Fachkräftemangel. Bereits in guten Zeiten konnte der Hotelier oft nicht genug Personal für das Service oder die Küche finden; vor der Krise fehlten in Tirol insgesamt 3.500 Tourismus-Fachkräfte. Viele Abgänger von Tourismusschulen arbeiten nach einer kurzen Zeit im Restaurant- und Hotelbetrieb lieber im Einzelhandel oder in anderen Branchen, in denen die Arbeitszeiten kürzer und planbarer sind, in denen es weniger Stress gibt – und in denen mehr bezahlt wird. Denn gutes Geld gibt es in den Betrieben nur für Schlüsseljobs, etwa Küchenchefs. Die Schicht-, Wochenend- und Feiertagsarbeit, die in diesem Gewerbe unumgänglich ist, ist vor allem für Menschen mit Familien wenig attraktiv. Immer weniger Inländer wollen sich das antun. In Tirol kommt mittlerweile über die Hälfte aller Beschäftigten aus dem Ausland, häufig kommen sie aus Nachbarländern, in denen sowohl das Lohnniveau als auch die Kosten der Lebenshaltung niedriger sind als in Österreich – womit das Einkommen in der Heimat relativ mehr wert ist.

Österreich ist mit dem Problem des Fachkräftemangels nicht allein: In Deutschland fehlen in Hotels, Restaurants und Cateringbetrieben Zehntausende qualifizierte Arbeitskräfte[111], im Frühjahr 2020 trat sogar ein Gesetz in Kraft, das die Einwanderung von Fachkräften aus Drittstaaten erleichtern sollte.[112] Rund 440.000 Stellen können mittlerweile nicht mehr besetzt werden, vor allem in technischen Berufen und im Gesundheitsbereich, aber auch im Tourismus. Einer Studie aus dem Jahr 2018 zufolge hat dieser Mangel an Arbeitskraft das Wirtschaftswachstum im Land um 0,9 Prozent reduziert.

Angesichts dieser Zahlen ist es wenig überraschend, dass einer wie Matthias wenig für die Idee eines bedingungslosen Grundeinkommens übrighat: „Eine Schnapsidee! Ich kann ja schon jetzt keine Leute finden – und dann wollen sie die Menschen dafür bezahlen, nicht mehr zu arbeiten? Das ist ja fast schon kriminell", ärgert er sich. „Wenn man den Tourismus total zerstören will, dann ja, bitte!"

## DER WERT EINER SINNVOLLEN BESCHÄFTIGUNG

Auch Gabriele ist Unternehmerin. Sie kommt aus demselben Ort wie Matthias. Nach dem Schulabschluss machte sie eine Gärtnerlehre und arbeite danach viele Jahre als Gartengestalterin in einem großen Hotelbetrieb in der Schweiz. Als ihre Mutter an Krebs erkrankte, zog sie mit ihrem Partner und ihrer Tochter nach Tirol zurück, um in ihrer Nähe zu sein. Dort hat Gabriele eine weitere ihrer Leidenschaften zum Beruf gemacht: Sie eröffnete ein kleines Fahrradgeschäft. Bis vor wenigen Jahren konnte sie mehr schlecht als recht davon leben, im Winter war kaum etwas los, im Sommer kam das meiste Geld nicht aus dem Verkauf, sondern bloß aus der Vermietung von Fahrrädern an Touristen. Mit dem Einsetzen des E-Bike-Booms haben sich die Dinge jedoch verändert: Viele Einheimische, erzählt die 54-Jährige, hätten sich bei ihr ein Elektro-Fahrrad gekauft. Und die Corona-Krise ließ, wie in so vielen Bike-Shops im Land, die Nachfrage noch einmal nach oben schnellen. Die Leute aus der Gegend, die sonst im Frühling auf einen Kurztrip nach Italien fahren, blieben jetzt zu Hause und würden eben hier ihre Radtouren machen. „Die Jungen kaufen sich Gravel-Bikes, die Älteren holen ihre alten Räder aus dem Keller und lassen sie bei mir reparieren. Oder sie kaufen sich eben ein E-Bike."

Schwierigkeiten, Mitarbeiter zu finden, hat Gabriele nicht: „Ich bekomme fast jede Woche eine Bewerbung rein, obwohl ich derzeit gar nichts ausgeschrieben habe." Meist sind es junge, gut ausgebildete Leute, die eine anspruchsvolle, abwechslungsreiche Arbeit suchen. Dass Gabriele, die noch immer gezwungen ist, knapp zu kalkulieren, keine besonders hohen Löhne zahlen könnte, schreckt die Interessenten nicht ab. Für die Unternehmerin hat der Fachkräftemangel, mit dem Matthias zu kämpfen hat, aber nicht nur etwas mit der Höhe des Einkommens zu tun. „Mit dem Tourismus läuft heute generell was falsch. Die Leute werden angeschrien und gehetzt und sind oft über lange Zeit hinweg von ihren Familien getrennt. Kein Wunder, dass das niemand machen will. Vor allem, wenn man nicht gerade berauschend bezahlt wird." Die Sorgen von Matthias kann sie dennoch nachvollziehen, höhere Löhne zu zahlen, muss man sich erst einmal leisten können. Das eigentliche Problem jedoch liegt für Gabriele ganz woanders: „Bei mir wollen die Leute arbeiten, weil es was Sinnvolles ist", meint sie. „Gerade die Jungen sagen oft, dass sie sich nicht vorstellen könnten, für eine Firma zu arbeiten, die

Massentourismus fördert oder Skilifte in die Landschaft setzt. Die
wollen ökologisch verträglich leben und arbeiten, und das können
sie bei mir. Fast jeder Mensch, der sich ein Fahrrad kauft, verbringt
weniger Zeit im Auto."

Gabrieles Erfahrungen decken sich mit den Thesen eines
Buches, das der amerikanische Unternehmer Aaron Hurst im Jahr
2014 veröffentlicht hat. Im Mittelpunkt seiner Betrachtungen steht
die „Sinn-Ökonomie".[113] In der Vergangenheit, so Hurst, wären
Innovationen in der Landwirtschaft, die Dampfmaschine oder die
Informationsindustrie die Motoren der Wirtschaft gewesen. Nun
gebe es eine neue Triebfeder: die Suche nach Sinn und Selbst-
verwirklichung. Wenn die Grundbedürfnisse der Menschen erst
befriedigt seien, argumentiert der Autor, ginge es vielen nicht
mehr um ein höheres Gehalt oder ein paar Tage mehr Urlaub. Es
gehe darum, etwas Sinnvolles zu tun, das idealerweise die Welt ein
kleines Stück besser macht. Nun könnte man Hurst unterstellen,
bei seinen Überlegungen bloß die sogenannte Erste Welt im Blick
zu haben – ich glaube nicht, dass viele Menschen in Argentinien,
Bangladesch oder im Sudan sich ihre Arbeit nach dem Sinn-
prinzip aussuchen können. In modernen Industriegesellschaften
jedoch ködern die Arbeitgeber ihr hochqualifiziertes Personal
längst nicht allein mit einem hohen Gehalt, vielmehr geht es
um Anerkennung und Wertschätzung oder um eine nachhaltige
Unternehmensführung.

Wie wir bei Ayse, der Architektin aus Amsterdam, gesehen
haben: Wenn die grundlegenden Lebensbedürfnisse einmal abgedeckt sind, geht es immer mehr Menschen darum, ihre Tage mit
etwas für sie Sinnvollem zu verbringen und wertgeschätzt zu
werden. Ayse würde – solange sie es sich leisten kann – ihren Job
auch dann nicht aufgeben, wenn sie im Monat ein- oder zweihun-
dert Euro weniger bekäme, weil er ihr Sinn und Erfüllung gibt

und eine Pause vom Leben als Hausfrau und Mutter ermöglicht. Für Gemma und David aus dem englischen Blackpool hingegen ist die Höhe ihres Einkommens ein wichtiger Faktor, weil sie sich Geld zur Seite legen müssen: für die Ausbildung der Kinder oder für den Fall, dass jemand länger erkrankt. Das beträfe vor allem Ex-Trump-Jeffrey aus Houston (Kapitel 2), da er im Gegensatz zu den meisten Menschen in Europa nicht auf eine gesicherte Krankenversicherung zählen kann.

Ein Grundeinkommen würde also nicht nur die Möglichkeiten der sozialen und politischen Teilhabe erhöhen, sondern es wäre eine Art Pauschal-Abgeltung für jene Tätigkeiten, die Menschen zum Funktionieren unserer Gesellschaft beitragen. Sicher gäbe es auch jene, die nicht daran teilhaben, die keinen Beitrag leisten wollen. Zumindest aber gibt es, wie wir in den vorangegangenen Kapiteln gesehen haben, keine wissenschaftlichen Indizien dafür, dass die Zahl dieser Menschen im Vergleich zu heute steigen wird.[114] Und außerdem: Da jeder ein Grundeinkommen erhalten würde, fiele der Vorwurf weg, einige wenige würden auf Staatskosten in der „sozialen Hängematte" liegen. Von diesem Stigma befreit, würde vielleicht sogar die Motivation steigen, etwas Nützliches zu tun. Weil ein Grundeinkommen nicht zuletzt eines signalisiert: Du bist ein wertvolles Mitglied der Gesellschaft – verhalte dich auch so.

## GARANTIERTER JOB ODER GARANTIERTES EINKOMMEN?

Allen Menschen eine fair bezahlte, sinnvolle Beschäftigung zu ermöglichen, ist auch das Ziel der Ökonomin und Mitbegründerin der „Modern Monetary Theory" (MMT), Stephanie Kelton, deren

Thesen uns bereits in Kapitel 7 begegnet sind. Gemeinsam mit Pavlina Tcherneva und einer Reihe anderer Wirtschaftswissenschafter propagiert Kelton seit Jahren ein staatlich finanziertes Job-Garantie-Programm, das auf genau jene abzielt, die am sogenannten „ersten Arbeitsmarkt" keine Beschäftigung finden. Weil es arbeitslose Menschen viel schwerer haben, eine neue Erwerbsarbeit zu finden, als jene, die sich von einem bestehenden Job weiterbewerben. Es sei nicht zu tolerieren, so die Autoren, von einer „natürlichen Arbeitslosigkeit"[115] zu sprechen, die sozusagen als Ersatzteillager für unser Wirtschaftssystem dient.

Ihre Mitstreiterin Pavlina Tcherneva hat ein konkretes Modell ausgearbeitet, das diesem Problem begegnen soll[116]: Menschen, die anderswo keine Arbeit finden können, sollen Anspruch auf einen gemeinnützigen Job haben, der mit mindestens 15 Dollar pro Stunde vergütet wird. Um sicherzustellen, dass damit Arbeitsplätze geschaffen werden, die vor Ort tatsächlich gebraucht werden und auf die Bedürfnisse und Fähigkeiten der arbeitsuchenden Menschen zugeschnitten sind, sollten die Mittel für das Programm zwar vom Staat kommen, die Verteilung aber würde Bundesstaaten, Kommunen oder gemeinnützigen Organisationen obliegen. (Private Firmen schließt Tcherneva explizit aus, weil sie versuchen könnten, ihre Personalkosten auf den Staat „auszulagern").[117] Einerseits würde das die Einführung eines faktischen Mindestlohns bedeuten, den es in vielen Ländern derzeit nicht gibt, andererseits soll der Plan sicherstellen, dass alle Menschen einer sinnvollen Beschäftigung nachgehen können, die ihnen ein Einkommen und ein Krankenversicherung ermöglicht und vielleicht sogar Geld für die Kinderbetreuung.[118]

So sehr ich der Prämisse zustimme, dass Erwerbsarbeit in unserem System nun einmal der Schlüssel zu einem Einkommen ist und damit den sozialen Wert des Menschen mitbestimmt, so hat dieses Job-Garantie-Modell gegenüber einem Grundeinkommen einige wesentliche Nachteile. Erstens wäre es extrem bürokratisch. Jede freie Stelle müsste auf die Fähigkeiten und Lebensumstände jedes einzelnen Menschen zugeschnitten sein. Vor allem aber würde die Initiative weiterhin jene stigmatisieren, die „ohne Hilfe" keine Arbeit finden. Unter Umständen würde dieses Programm die Effekte sogar verstärken.

Erwerbslose von diesem Stigma zu befreien, ist eine der wichtigsten Maßnahmen, um eine Entsolidarisierung innerhalb unserer Gesellschaft zu verhindern. Gemeinsam mit meiner Kollegin Alena Buyx habe ich in einem im Jahr 2018 publizierten wissenschaftlichen Artikel auf die gesundheitlichen und volkswirtschaftlichen Konsequenzen hingewiesen.[119] Damit verbunden war der Aufruf, den gesellschaftlichen Wert von Arbeit stärker zu berücksichtigen. Nicht nur jene, die einer Erwerbsarbeit nachgehen, leisten wertvolle Arbeit! Nur glaube ich nicht, dass eine Job-Garantie allein Abhilfe schafft.

Vor allem nicht im Bereich jener Tätigkeiten, die niemand machen will, weil sie schlecht bezahlt und schmutzig, monoton, oder sogar gefährlich sind – wie Fließbandarbeiter oder Arbeiter in einem Schlachtbetrieb. Jene Jobs, die bloß angenommen werden, um den Menschen ein Einkommen zu sichern. Aber genau diese Gruppe würde in diesem Fall sehr wahrscheinlich anwachsen – weil es mit einer Job-Garantie aufgrund des sozialen Drucks noch verpönter wäre als es jetzt schon ist, keiner Erwerbsarbeit mehr nachzugehen Man könnte also von einer sanften Zwangsmaßnahme sprechen.

Bei der Einführung eines Grundeinkommens hingegen würde diese Gruppe – also die schlecht bezahlten und auch sonst unattraktiven Jobs – eine Aufwertung erfahren. Schmutzig, oder gefährlich wären sie zwar noch immer, aber nicht mehr schlecht bezahlt: Das waren sie ja vorher nur deshalb, weil manche einfach keine andere Wahl hatten, als sich so ihren Lebensunterhalt zu verdienen. Um weiterhin Arbeitskräfte zu finden, die Toiletten reinigen, in der Hitze Gemüse ernten oder im Supermarkt Regale schlichten, müsste man ihnen nun mehr bezahlen. Und manche Jobs, wie Call-Center-Agenten, würde – so hoffe ich – es gar nicht mehr geben.

Natürlich verstehe ich, warum die Anhänger einer staatlichen Job-Garantie einem bedingungslosen Grundeinkommen skeptisch gegenüberstehen. Gerade in den Vereinigten Staaten wird das G-Wort vor allem von jenen propagiert, die sich „weniger Staat und mehr privat" wünschen. Mit einem Grundeinkommen könnten Sozialleistungen abgebaut, der Staat weiter zurückgedrängt und die Allgemeinheit aus der Verantwortung entlassen werden, allen eine Arbeit zu ermöglichen. Stattdessen sollen die Mittel für ein Grundeinkommen aus den Stiftungen von Superreichen kommen. So sehen es vor allem die Visionäre aus dem Silicon Valley vor, ein Zugang, den der ehemalige SPD-Generalsekretär Hubertus Heil nicht ohne Grund als „Stilllegungsprämie" für Arbeitskräfte bezeichnet hat.

Tatsächlich käme es einer Bankrotterklärung des Staates gleich, wenn ein Mark Zuckerberg oder ein Jeff Bezos den Lebensunterhalt von Millionen Menschen bestreiten würden – und das ohne gesetzliche Kontrolle. Und was ist, wenn die selbsternannten Philanthropen – oder deren Erben – irgendwann keine Lust mehr verspüren, ihre Milliarden für ein Grundeinkommen auszugeben? Wenn soziale Sicherheit nicht sicher ist, dann wirkt sie nicht, betont die im englischen York lehrende Politologin Louise Haagh. Die Menschen müssten einen Rechtsanspruch auf die Sicherung ihrer Grundbedürfnisse haben. Trotzdem: Eine staatliche Job-Garantie – selbst wenn sie gesetzlich verankert wäre – kann das nicht leisten, vor allem, weil diese Leistung nicht bedingungslos wäre. Ein Grundeinkommen jedoch, für das im Gegenzug das Schicksal von Menschen in die Hände launiger Firmengründer gelegt und der Sozialstaat abgeschafft wird, ist auch nicht die Lösung. Wie schaffen wir es dann?

## EIN GANZ NORMALER SCHLAMASSEL

Die englische Ökonomin Kate Raworth erregte vor einigen Jahren mit einem neuen, von ihr entworfenen, nachhaltigen Wirtschaftsmodell Aufsehen, der Donut-Ökonomie. Die runde Form des Donuts sollte für die engen Verbindungen von so unterschiedlichen Bereichen wie Umwelt, Wirtschaft und Politik stehen.[120] Genauso, wie man keine ökologische Politik machen kann, ohne das Wirtschaftssystem zu verändern, lässt sich auch ein bedingungsloses Grundeinkommen nicht einführen, ohne soziale und politische Institutionen und Praktiken mitzudenken und zu verändern. Ein Grundeinkommen ist gewissermaßen die Butter auf einem Stück Brot. Ohne die Unterlage wäre sie ungenießbar – und würde mit der Zeit zerfließen. Sehen wir uns zuerst einmal das Brot genauer an.

Versetzen wir uns einen Moment zurück in den Frühling 2020, dem Höhepunkt der Corona-Krise. Als sich damals Politiker und Vertreter von Hilfs- und Nichtregierungsorganisationen den Kopf zerbrachen, wie man nach Social Distancing und Kurzarbeit wieder den Weg zurück in die Normalität finden könne, sprühte ein Graffitikünstler in Hongkong folgenden Text an die Wand: „Es kann kein Zurück in die Normalität geben – die Normalität hat uns diesen Schlamassel beschert."[121] Und er hat Recht: So waren zum Beispiel Null-Stunden-Verträge, die Beschäftigte dazu zwingen, bei Bedarf bereitzustehen, vor Corona völlig normal. Doch das führte dazu, dass Pflegekräfte in Schweden und Großbritannien aus Angst vor Einkommensverlust halbkrank weiterarbeiteten und so Patienten mit dem Virus infizierten. Die vielen Menschen in schlecht bezahlten Berufen – darunter viele Frauen und Einwanderer aus ärmeren Ländern –, die plötzlich als „Systemerhalter" gefeiert wurden, gab es natürlich auch schon vor Corona. Ebenso die Knappheit an leistbarem Wohnraum, die dazu führte, dass selbst in reichen Ländern wie Deutschland, der Schweiz und Österreich viele Kinder die Ausgangsbeschränkungen in beengten Wohnverhältnissen verbringen mussten. Kurzum: Die Probleme, die diese Notsituation sichtbar gemacht hatte, sind auf Faktoren zurückzuführen, die tief in unseren politischen und wirtschaftlichen Praktiken und Institutionen verankert sind.

Ein solidarisch motiviertes, bedingungsloses und universelles Grundeinkommen ist ein wichtiger Beitrag zur Bekämpfung von Armut, Unfreiheit und Ungerechtigkeit, die aus wirtschaftlichen Erwägungen toleriert werden und die aufgrund der Corona-Krise endlich ins Zentrum unserer Aufmerksamkeit gerückt sind. Funktionieren kann das aber nur, wenn diese Initiative Teil eines größeren Ganzen ist. Im Frühjahr beschrieb ich gemeinsam mit meinem Mann, dem Politologen Hendrik Wagenaar, das Fundament, auf der ein solidarisch motiviertes Grundeinkommen sitzen müsste. Eben das Brot für die Butter.

Unserer Meinung nach braucht es folgende Elemente[122]: Das Erste und Wichtigste ist die öffentliche Infrastruktur. Die Corona-Krise hat klar gezeigt, dass Länder mit einer gut ausgebauten und ausreichend finanzierten öffentlichen Infrastruktur besser mit der Krise umgehen konnten. Ihre Gesundheitssysteme waren widerstandsfähiger, viele Erwerbstätige wurden mithilfe von Instrumenten wie der Kurzarbeit vor der Arbeitslosigkeit geschützt. Jene, die dennoch ihre Arbeit verloren, konnten sich auf ein soziales Sicherheitsnetz verlassen. Zu einer guten öffentlichen Infrastruktur gehören neben einer qualitativ hochwertigen, für alle Menschen im Land verfügbaren Gesundheitsversorgung ausreichend vorhandener, guter und günstiger Wohnraum, verbunden mit weitreichendem Mieterschutz und Mietpreisbindung. Und es braucht verlässliche und erschwingliche öffentliche Verkehrsmittel, landesweite Breitband- und Mobilfunkabdeckung – weil Zugang zu Kommunikations- und Informationstechnologien heute eine Grundlage sozialer und politischer Teilhabe sind. Auch kostenloser Zugang zu Schulbildung und kostengünstige, nicht profitorientierte Hochschulbildung sind notwendig sowie ein System sozialer Sicherheit, das persönliche und gesellschaftliche Risiken abmildert.

Dazu gehört aber auch ein grüner „New Deal" – also ein neues Wirtschafts- und Sozialsystem, das Klima- und Umweltschutz gemeinsam mit sozialer Gerechtigkeit umsetzt. Ökologisch orientierte Ökonomen haben im Detail skizziert, wie eine Gesellschaft und ein Wirtschaftssystem aussehen müssten, die im Rahmen nachhaltiger Ziele und Grenzen funktionieren kann. Diesem grünen „New Deal" liegen eine bedürfnisorientierte und arbeitsintensive Wirtschaft zugrunde, ein Ende des Wachstumswahns, die Rückkehr zu einer regionalen Produktion, die Eindämmung des deregulierten, internationalen Handels sowie eine engere Koordination von Geld- und Steuerpolitik. Alles Ansätze und Strategien, die bereits bekannt und teils im Detail ausgearbeitet sind: Bloß haben wir in den vergangenen Jahren in den meisten Bereichen keine großen Fortschritte zur Erreichung dieser Ziele gemacht. Ein Grund dafür ist der beachtliche politische Einfluss, den mächtige Akteure aus der Finanz- und Unternehmenslandschaft haben. Die Abwendung des gesundheitlichen, ökologischen und volkswirtschaftlichen Schadens, den der Klimawandel anrichtet, steht ihren Geschäftsinteressen entgegen. Hier hat nicht zuletzt die Ökonomin Ann Pettifor gezeigt[123]: Die Fähigkeit, Kontrollinstrumente zur Eindämmung grenzüberschreitender Kapitalströme zu installieren, ist eine Voraussetzung für die Finanzierung einer grünen Wirtschaft. Ebenso die Umsetzung wirksamer Kartellgesetze zur Regulierung eines global operierenden Unternehmenssektors, der sich nationalen Gesetzen und Besteuerungssystemen entzieht und seinen Einfluss nutzt, um Politiker zum Werkzeug ihrer Interessen zu machen.

Eine Voraussetzung für das alles – sozusagen der Teller, auf dem das Butterbrot liegt – ist die Vergemeinschaftung des Geldes. Dies mag auf den ersten Blick eigenartig klingen: Das Geld gehört doch dem Staat – und damit uns allen, oder? Nicht wirklich. Die Geschichte des Finanzwesens ist die Geschichte einer wachsenden Verflechtung von Regierungen, Banken und Zentralbanken auf Kosten der Allgemeinheit. Diese geht weit über die uralte Funktion von Staaten hinaus. Der Versuch, sich mithilfe des Verkaufs von Staatsanleihen bei privaten Investoren frisches Geld zu beschaffen, führte dazu, dass heute Regierungen den Schutz des Finanzsektors als eine ihrer Kernaufgaben sehen. Und das ist keineswegs bloß billige Rhetorik, wie ein Blick auf die Krisen-Politik der vergangenen Jahrzehnte zeigt: Immer wieder waren Politiker bereit, den maroden Finanzsektor zu retten, während sie gleichzeitig zögerten, Geld an einzelne Bürger oder Kleinbetriebe auszubezahlen. Sogar während der COVID-19-Krise.

Eines der mächtigsten Elemente in dieser Dynamik ist ein politischer Konsens, der sich mittlerweile zu einer regelrechten Ideologie ausgewachsen hat: Staatsverschuldung sei prinzipiell schlecht und würde unweigerlich zu Hyperinflation. Dass dies nicht der Fall sein muss, untermauern Stephanie Kelton und ihre Mitstreiter mit ihrer „Modern Monetary Theory". Für die Vertreter der MMT ist es ein Irrglaube, anzunehmen, der Staat müsse das Geld, das er ausgibt, erst durch Steuern und andere Einnahmen verdienen. Jeder Staat, der seine eigene Währung hat, kann Geld ausgeben – solange die Geldmenge nicht größer als die wirtschaftliche Aktivität im Land ist und die Inflation unter Kontrolle bleibt. Die „schwarze Null" ist bloß ein Dogma: Selten hat ein einziger, fehlgeleiteter Glaube zu so viel Not für so viele Menschen geführt. Er hat uns nach der Finanzkrise von 2008 ein Jahrzehnt der Sparpolitik beschert, die zur Aushöhlung des öffentlichen Sektors und zu stagnierenden Löhnen führte. Private Banken machen sich diesen Mythos der „schwarzen Null" zunutze, indem sie die Zinssätze für Anleihen hochverschuldeter Staaten erhöhen. Dies hat Ländern wie Griechenland, Italien und Spanien gezwungen, wertvolles öffentliches Vermögen zu Schleuderpreisen an ausländische Investoren abzugeben.

Staaten müssen wieder anfangen, Geld auszugeben und gleichzeitig die globalisierten Kapitalmärkte durch Kontrollen einschränken. Die große Menge Geld, die private Banken von Zentralbanken erhalten und in Kredite und Finanzprodukte umgesetzt haben, hat zu fast allen geplatzten Blasen der letzten Jahrzehnte geführt – von der Dotcom- bis zur Immobilienblase. Diese Krisen könnten eingedämmt oder sogar verhindert werden, wenn die Politik in die Wirtschaft und die Zivilgesellschaft investiert – in den Ausbau öffentlicher Infrastrukturen und Grund-Dienstleistungen, aber auch, indem sie an Bürger und Unternehmen Geld verleihen. Gleichzeitig wären Staaten mit der Einführung effizienter Kontrollen in der Lage, die Kapitalflucht zu kontrollieren.

Die Idee ist nicht neu, sie geht auf den britischen Ökonomen John Maynard Keynes zurück. Sein Ansatz, wonach die Wirtschaftspolitik aktiv in Märkte eingreift und durch Investitionen Nachfrage generiert, galt im Europa der Nachkriegszeit bis in die

1970er Jahre hinein als herrschende volkswirtschaftliche Lehre. Zurückgedrängt wurde sie von Theorien wie dem auf Milton Friedman zurückgehenden Monetarismus, der davon ausgeht, dass eine Erhöhung der Geldmenge über das Wachstum des Sozialproduktes hinaus zur Inflation führt – und dass der Staat, außer über die Anpassung der Geldmenge an das Wirtschaftswachstum nicht in Angebot und Nachfrage eingreifen soll. Genau diese Annahmen versuchen die MMT-Vordenker nun als Mythos zu entlarven. Auch die britische Ökonomin Ann Pettifor hat sich der Wiederentdeckung Keynes' verschrieben.[124] Staaten können Geld direkt „drucken" oder es in Form von öffentlichen Anleihen ausgeben, sagt sie – oder beides.

Öffentliche Anleihen haben im Gegensatz zur gegenwärtigen Politik der quantitativen Lockerung drei Vorteile, so die Ökonomin: Sie legen das Geld direkt in die Hände von Einzelpersonen und Organisationen, die es für Investitionen in tatsächlich produktive Aktivitäten verwenden können und dadurch Arbeit schaffen sowie die Nachfrage anregen. Indem sie den Zinssatz für diese Anleihen festlegt, ermöglicht sie es den Regierungen zusätzlich, die Zinssätze niedrig zu halten. Da Regierungen oder öffentliche Banken keine Gewinne erwirtschaften müssen, können sie Darlehen ausgeben und Anleihen an Investoren verkaufen, die in öffentliche Güter und Dienstleistungen investieren. Hauptstoßrichtung könnte nicht zuletzt die Investition der so bereitgestellten Mittel in die Umstellung auf einen nachhaltigen Energie- und Produktionssektor sein. Geld würde wieder für die Bürger und nicht für eine Investmentbank oder einen Hedge-Fonds arbeiten. Die Vergemeinschaftung dieser Erlösquellen bedeutet nichts weniger als die Wiederherstellung des demokratischen Einflusses auf einen der wichtigsten Bereiche des öffentlichen Lebens.

## VON DER UTOPIE ZUR NOTWENDIGKEIT

Ein Grundeinkommen führt man also nicht ein, indem einfach begonnen wird, ein paar Milliarden Euro auszuzahlen – das wäre so, als würde man die Butter auf den Frühstückstisch schmieren. Schließlich würden wir von einem echten Systemwandel sprechen, für den an sehr vielen Stellschrauben gedreht werden müsste. Der Autor Stefan Bergmann[125] hat in seinem Buch die Einführung eines bedingungslosen Grundeinkommens mit der Abschaffung der Sklaverei verglichen, der niederländische Historiker Rutger Bregman spricht gar von einer „Utopie für Realisten"[126], die, wie alle großen gesellschaftlichen, politischen und technischen Würfe, zuerst einmal undurchführbar klingt. Wie eben die Einführung einer gesetzlichen Krankenversicherung unter Bismarck. Das Wahlrecht für Frauen. Oder die Mondlandung. Alles Utopien, die vor ihrer Umsetzung schlicht für unmöglich gehalten wurden. Genauso wie die Einführung eines bedingungslosen Grundeinkommens. Der Butter auf dem Brot des Lebens, um es ein wenig pathetisch zu formulieren.

Wie könnte diese Utopie in der Realität und vor dem Hintergrund all der Aspekte, die ich versucht habe, in diesem Buch darzulegen, aussehen? Ich wäre für eine existenzsichernde bedingungslose monatliche Zahlung für alle in einem Land lebenden Menschen, die als Rechtsanspruch gesetzlich verankert ist. Wenn der Großteil der essenziellen Bedürfnisse von Menschen durch Grund-Dienstleistungen abgedeckt sind (das „Brot"), kann der monatliche Betrag, der an alle Menschen im Land ausbezahlt wird, im niedrigen Bereich der meisten gängigen Modelle liegen (die bekanntesten sehen etwa in Deutschland für Erwachsene zwischen 540 und 1.500 Euro monatlich vor).[127] Versicherungs- und Sozialleistungen blieben erhalten.

Finanziert wird dieses Grundeinkommen durch die Bereit-schaft des Staates, Geld in seine Bevölkerung zu investieren. Das bedingt Maßnahmen zur Inflationsbekämpfung, etwa neue Ver-mögenssteuern. Ebenfalls mithilfe dieser Investitionen wird ein grüner „New Deal" angestoßen, der neue, hochwertige Arbeits-plätze schafft, etwa in der nachhaltigen Landwirtschaft oder der Herstellung grüner Energie.[128] Auch eine Koppelung mit einer staatlichen Job-Garantie ist denkbar. Letzteres wäre, wie die Ökonomin Pavlina Cherneva betont, kein riesiger zusätz-licher Kostenfaktor, da Erwerbslosigkeit bereits heute extrem hohe Kosten verursacht: zum Beispiel durch die Schäden, die sie für die psychische und physische Gesundheit vieler Menschen verursacht. Oder aufgrund des brachliegenden ökonomischen Potenzials. Beide Probleme könnten mit einem bedingungslosen Grundeinkommen zumindest gemildert werden.

## STEHEN BLEIBEN, UM WEITERZUGEHEN

Kommen wir zurück zu Matthias und Gabriele. Was würde die hier vorgeschlagene Lösung, was würde ein Grundeinkommen auf Basis umfassender Grund-Dienstleistungen, also die Butter auf dem Brot, für die beiden bedeuten? Für Gabriele würde sich vermutlich nicht sehr viel ändern, zumindest nicht unmittelbar. Ihre Arbeit als Fahrradhändlerin würde sie sicher nicht aufgeben. Nachdem Gabriele in einem Land lebt, in dem viele Grund-Dienstleistungen bereits (oder noch?) existieren, würden sich ihre Fixkosten nur relativ geringfügig verändern: Das Angebot sozialen Wohnraums würde sie nicht in Anspruch nehmen, weil das Einfamilienhaus, in dem sie mit ihrem Mann und ihrer Tochter lebt, schon fast abbezahlt ist – und ein Umzug käme in ihrer Lebenssituation ohnehin nicht infrage. Auch die Schulbildung ihrer 16-jährigen Tochter ist für sie kostenlos. Für die Krankenversicherung die Selbständige im Butterbrot-Modell etwa 440 Euro im Monat sparen.[129] Die Transportkosten der Familie würden sich im Jahr um einige hundert Euro reduzieren, da sie im neuen System öfter mit dem nahezu kostenlosen Zug fahren und das Auto stehen lassen würde. Die größten Einsparungen kämen im Bereich der Pflege ihrer Mutter, die sie derzeit aus eigener Tasche berappt und die im neuen System kostenfrei möglich wäre – weil auch sie als Grund-Dienstleistung staatlich finanziert würde.

Soweit zu den dann ausgebauten Grund-Dienstleistungen, soweit zum Brot. Die Butter, das Grundeinkommen – gehen wir von 1.000 Euro im Monat aus –, würde Gabrieles Lebensstandard also nicht wesentlich verändern. Ihre Zukunft hingegen wäre ein Stück weit planbarer – und sicherer. Wenn sie einmal ein paar Wochen oder sogar Monate weniger Nachfrage hat, muss sie ihr Geschäft nicht zu schließen oder Mitarbeiter kündigen – die ja schließlich auch je 1.000 Euro Grundeinkommen beziehen.

Aber wie würde es für Matthias aussehen? Auch er würde sich dank der Grund-Dienstleistungen Geld sparen, wenn auch nicht viel; vor allem die Kosten für Krankenversicherung würde wegfallen. Insgesamt würde ein wenig Druck von seinen Schultern genommen werden, sich aber nichts Wesentliches ändern. Das Weiterführen des Familienbetriebes ist für ihn viel mehr als bloß ein Einkommen, es ist sein Lebenssinn.

Für seine Mitarbeiter hingegen würde sich fast alles ändern: Viele der Service-Kräfte würden wohl nun, mit Grundeinkommen, nicht mehr für weniger als 2.000 Euro brutto schuften wollen – 1.000 Euro hätten sie auch so. Zudem würden ihre Lebenshaltungskosten aufgrund des Vorhandenseins kostengünstigen Wohnraums sinken, da dieser allen, die einen benötigen, als staatlich finanzierte Grund-Dienstleistung zur Verfügung stehen würde. Matthias müsste ihnen wohl deutlich mehr bezahlen, damit sie weiterhin bereit sind, stressige und wenig familienfreundliche Tätigkeiten im Saisontourismus anzunehmen. Oder die Arbeitsbedingungen müssten insgesamt besser werden, sodass die Arbeit auch mit einem geringen Lohn attraktiv ist – was leichter gesagt als getan ist.

Matthias hat schon Recht: Das neue System hätte für ihn nicht bloß Vorteile. Er könnte nicht so weitermachen wie bisher. Aber vielleicht ist das genau die Chance. Der Unternehmer hat von klein auf gelernt, hart zu arbeiten und Entbehrungen ertragen zu müssen, um den Betrieb nicht nur laufen zu lassen, sondern weiter auszubauen. Immer schneller, immer größer – Stillstand bedeutet Rückschritt.

Ein Grundeinkommen würde diesen Menschen ermöglichen, innezuhalten. Nicht, um faul am Sofa zu liegen, sondern um zu überlegen, wo sie wirklich hinwollen, was sie für ein zufriedeneres Leben tatsächlich brauchen – wie das manche von uns während der Corona-Krise bereits erlebt haben. Und natürlich würde die Antwort auf diese Frage nicht für alle gleich lauten: Manche würden von ihrem Grundeinkommen leben und keiner Erwerbsarbeit nachgehen wollen, weil sie sich lieber um ihre Enkelkinder, ihren Garten oder Kinder aus benachteiligten Familien kümmern würden. Andere würden, wie Agnes aus Kapitel 1, weiterhin einen Job als Unternehmensjuristin oder Partner in einer Anwaltskanzlei anstreben, viel Geld verdienen und die Urlaube auf der eigenen Yacht verbringen wollen. Jeffrey in Houston aber hätte mit einem Grundeinkommen die Freiheit, sich beruflich umzuorientieren und sich nicht sorgen zu müssen, woher das Geld für die Miete kommt. Tatjana, die in Österreich lebende gebürtige Russin, würde wahrscheinlich ganz normal weiterarbeiten und das zusätzliche Geld, das durch das Grundeinkommen hereinkommt, ansparen, um sich mit ihrem Mann Peter den Traum vom eigenen Häuschen am Land zu erfüllen. Ayse aus Amsterdam bliebe ihrem Job treu, aber ihr Mann Maarten würde mit einem Grundeinkommen seine Arbeitszeit weiter reduzieren und sich noch mehr um die Kinder kümmern können. Und Riikka würde weiter kostenlos Musikunterricht geben und sich aber trotzdem nach einer Erwerbsarbeit umsehen, weil sie den täglichen Austausch mit Kollegen vermisst.

Und Matthias? Für ihn könnte ein Teil der Lösung sein, nicht weiterhin auf numerisches Wachstum, sondern auf die Stärkung eines nachhaltigen Tourismus zu setzen, ein harmonisches Umgehen miteinander und mit der Natur. Es geht also um nichts weniger als um einen Systemwandel, von dem wir alle etwas haben. Der Planet – und die Menschen, die auf ihm leben.

· · · · ·

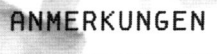

ANMERKUNGEN

# QUELLEN, LITERATUR UND LESETIPPS

## KAP. 1  VON SARAH, MÄNNERN UND VÖGELN

1   Blaschke, Ronald. (2019). SPD-Parteivorstand: Grundeinkommen ist falsch. https://www.grundeinkommen.de/17/02/2019/spd-parteivorstand-grundeinkommen-ist-falsch.html; abgerufen am 10.07.2020.

2   Forum Demokratische Linke – Die Linke in der SPD. (2018). #SPD erneuern. https://www.forum-dl21.de/wp-content/uploads/2018/09/HartzIV-Antrag-DL21-1.pdf; abgerufen am 10.07.2020.

3   Ebenda.

4   Schlögl, Lukas; Prainsack, Barbara. (2020). Das Bedingungslose Grundeinkommen bleibt weiterhin umstritten. https://viecer.univie.ac.at/corona-blog/corona-blog-beitraege/blog35/; abgerufen am 10.07.2020.

5   Sozialdemokratische Partei Schweiz. (2016). Ein guter Sonntag für die SP, ihre Bundesrätin und die ganze Bevölkerung. https://www.sp-ps.ch/; abgerufen am 10.07.2020.

6   Leutenegger Oberholzer, Susanne. (2016). Nein zu Experimenten bei der sozialen Sicherheit. https://www.sp-ps.ch/de/publikationen/espress/nein-zu-experimenten-bei-der-sozialen-sicherheit; abgerufen am 10.07.2020.

7   Aristoteles. (2017). Nikomachische Ethik. Leipzig: Reclam.

8   Aristoteles. (1998). Politik. Leipzig: Reclam.

9   "It is the community which enables him to develop and acquire value, not the other way round"; Rist, J. (1974). Aristotle: The Value of Man and the Origin of Morality. Canadian Journal of Philosophy, 4(1), 1–21.

10  Flaake, Karin. (2005). Carol Gilligan: Die andere Stimme. In: Löw, M.; Mathes, B. (eds.). Schlüsselwerke der Geschlechterforschung. https://doi.org/10.1007/978-3-322-80445-7_10; abgerufen am 10.07.2020.

11  Radin, Margaret Jane. (2001). Contested Commodities. Harvard University Press, S. 72 [eigene Übersetzung].

12  Mackenzie, Catriona; Stoljar, Natalie. (2000). Relational Autonomy. Feminist Perspectives on Autonomy, Agency, and the Social Self. Oxford: Oxford University Press.

13  Pistor, Katharina. (2019). The Code of Capital: How the Law Creates Wealth and Inequality. Princeton: Princeton University Press.

## KAP. 2 VOM ARBEITSZWANG ZUR YANG-GANG

14 Fry, Richard. (2016). 2. Living with mom and/or dad: More common for sons than daughters. https://www.pewsocialtrends.org/; abgerufen am 11.07.2020.

Gutmann, Myron P.; Pullum-Piñón, Sara M.; Pullum, Thomas W. (2001). Three Eras of Young Adult Home Leaving in Twentieth-Century America. https://liberalarts.utexas.edu/prc/_files/pdf/workingpapers/00-01-01.pdf; abgerufen am 11.07.2020.

15 Bidder, Benjamin; Sauga, Michael (2020). Ökonomenpaar über Niedergang der USA. „In der Gesellschaft schwelt die Verzweiflung". https://www.spiegel.de/wirtschaft/soziales/; abgerufen am 11.07.2020.

16 Yang, Andrew. (2019). Who is Andrew Yang? https://www.youtube.com/watch?v=t-FNcEBm6Lw; abgerufen am 11.07.2020.

17 Casini, Lorenzo. (2017). „Juan Luis Vives [Joannes Ludovicus Vives]", The Stanford Encyclopedia of Philosophy. https://plato.stanford.edu/archives/spr2017/entries/vives/; abgerufen am 11.07.2020.

18 Lagerlund, Henrik (ed.). (2010). Encyclopedia of Medieval Philosophy: Philosophy between 500 and 1500. Berlin/Heidelberg: Springer. S. 1072.

19 Zeller, Susanne. (2006). Juan Luis Vives (1492–1540). Freiburg/Br.: Lambertus.

20 Fourier, Charles. (1836). La fausse industrie morcelée répugnante et mensongère et l'antidote, l'industrie naturelle, combinée, attrayante, véridique donnant quadruple produit. Paris: Bossange.

21 Lange, Oskar. (1936). On the Economic Theory of Socialism: Part One. *The Review of Economic Studies*, 4(1), 53–71. www.jstor.org/stable/2967660; abgerufen am 11.07.2020.

22 Lange, Oskar. (1944). Price Flexibility and Employment. S. 88–90.

23 Leonhard, Ralf. (2015). „Die große Mehrheit der Menschheit geht leer aus". *Südwind Magazin*, 02.2015. https://www.suedwind-magazin.at/die-grosse-mehrheit-der-menschheit-geht-leer-aus; abgerufen am 11.07.2020.

24 De Moor, Tine. (2008). The Silent Revolution: A New Perspective on the Emergence of Commons, Guilds, and Other Forms of Corporate Collective Action in Western Europe. www.jstor.org/stable/26405473; abgerufen am 11.07.2020.

25 Vanderborght, Yannick. (2004). Universal Basic Income in Belgium and the Netherlands: Implementation through the Back Door? https://cadmus.eui.eu/; abgerufen am 11.07.2020.

26 Bregman, Rutger. (2016). The bizarre tale of President Nixon and his basic income bill. *The Correspondent*. https://thecorrespondent.com/; abgerufen am 11.07.2020.

27 Lampman, Robert J. (1969). Nixon's Family Assistance Plan. https://www.irp.wisc.edu/publications/dps/pdfs/dp5769.pdf; abgerufen am 11.07.2020.

28 Polanyi, Karl. (1944/1977). The Great Transformation. Übers. v. Heinrich Jelinek. Wien: Europaverlag.

29 Hanauer, Nick. (2018). 'BasicIncome – We need to try it'. Basic Income Quotes, Facebook. https://www.facebook.com/basicincomequotes/videos/basicincome-we-need-to-try-it%EF%B8%8F-nick-hanauer-billionaire-entrepreneur/2145040482384221/; abgerufen am 11.07.2020.

30 Hanauer, Nick. (2014). Beware, fellow Plutocrats, the Pitchforks are coming. https://singjupost.com/beware-fellow-plutocrats-the-pitchforks-are-coming-by-nick-hanauer-transcript/; abgerufen am 11.07.2020.

31 Hanauer, Nick. Pitchfork Economics. https://pitchforkeconomics.com/episodes/; abgerufen am 11.07.2020.

## KAP. 3 UNIVERSELL ODER BEDINGUNGSLOS?

32 Statistik Austria. (2018). Integrationsbericht 2018. https://www.bmeia.gv.at/fileadmin/user_upload/Zentrale/Integration/Integrationsbericht_2018/Statistisches_Jahrbuch_2018.pdf; abgerufen am 11.07.2020.

33 Bedingungsloses Grundeinkommen umsetzen! (2020). https://www.help.gv.at/linkaufloesung/applikation-flow?leistung=LA-HP-GL-VB_Grundeinkommen_2020&quelle=HELP&flow=LO; abgerufen am 11.07.2020.

34 Stadt Wien. (2015). Unselbstständig Beschäftigte in Arbeitsstätten und Beschäftigte in der Sachgütererzeugung in Wien. https://www.wien.gv.at/statistik/ogd/jahrbuch/wirtschaft/tab_15.1.2_produktion_.csv; abgerufen am 11.07.2020.

35 Statistik Austria. (2019). Armutsgefährdung vor und nach sozialen Transfers nach soziodemographischen Merkmalen 2019. https://www.statistik.at/web_de/statistiken/menschen_und_gesellschaft/soziales/

armut_und_soziale_eingliederung/022859.html; abgerufen am
11.07.2020.

36  UNO. (1948). Allgemeine Erklärung der Menschenrechte. https://
www.un.org/depts/german/menschenrechte/aemr.pdf; abgerufen am
11.07.2020.

37  Eurostat. (2019). Beschäftigungsquoten nach Geschlecht, Alter und
Bildungsstand. https://ec.europa.eu/eurostat/statistics-explained/index.
php?title=Employment_statistics/de#Besch.C3.A4ftigungsquoten_
nach_Geschlecht.2C_Alter_und_Bildungsstand; abgerufen am
11.07.2020.

ILO. (2018). Hintergrund: Globale Trends für Frauen auf dem Arbeitsmarkt. https://www.ilo.org/berlin/arbeitsfelder/frauen-in-der-
arbeitswelt/WCMS_619734/lang--de/index.htm; abgerufen am
11.07.2020.

OECD Employment Database. (2017). Beschäftigungsquote von Frauen
im internationalen Vergleich https://www.bmwi.de/Redaktion/DE/
Infografiken/Wirtschaft/beschaeftigungsquote-frauen-im-inter-
nationalen-vergleich.html; abgerufen am 11.07.2020.

38  Brockhaus. Negative Einkommenssteuer. https://brockhaus.de/ecs/
enzy/article/negative-einkommensteuer; abgerufen am 11.07.2020.

39  Digitales Amt. (2020). Steuerfreigrenze. https://www.oesterreich.gv.at/
lexicon/S/Seite.991648.html; abgerufen am 11.07.2020.

40  Bundesministerium für Finanzen. (2019). Die wichtigsten steuerlichen
Änderungen 2019. https://www.bundesfinanzministerium.de/Monats-
berichte/2019/01/Inhalte/Kapitel-3-Analysen/3-3-steuerliche-aenderun-
gen-2019.html; abgerufen am 11.07.2020.

41  Bundesrat. (2020). Bundesgesetz über die direkte Bundessteuer. https://
www.admin.ch/opc/de/classified-compilation/
19900329/202001010000/642.11.pdf; abgerufen am 11.07.2020.

42  McCarthy, Niall. (2019). The World's Most Expensive Cities for Public
Transport. https://www.forbes.com/sites/niallmccarthy/2019/05/21/
the-worlds-most-expensive-cities-for-public-transport-infographic/;
abgerufen am 11.07.2020.

## KAP. 4    SPAGHETTI ODER GEMÜSEGARTEN?

43    Cull, Michelle. (2020). Value beyond money: Australia's special depend-
ence on volunteer firefighters. https://theconversation.com/value-
beyond-money-australias-special-dependence-on-volunteer-firefigh-
ters-129881; abgerufen am 13.07.2020.

44    Langford, Sam. (2020). We asked Volunteer Firefighters what they need
to get through this Bushfire Season. https://www.sbs.com.au/news/the-
feed/we-asked-volunteer-firefighters-what-they-need-to-get-through-
this-bushfire-season; abgerufen am 13.07.2020.

45    Luccioni, Loriana. (2020). Universal basic income is the only fair option
in COVID-19 crisis. https://www.sbs.com.au/news/the-feed/we-asked-
volunteer-firefighters-what-they-need-to-get-through-this-bushfire-
season; abgerufen am 13.07.2020.

46    Ebenda.

47    Goodall, Jane. (2020). Universal basic income: Free money or economic status. http://www.broadagenda.com.au/home/universal-basic-
income-free-money-or-economic-independence/; abgerufen am
13.07.2020.

48    Banerjee, Abhijit V.; et al. (2017). Debunking the Stereotype of the Lazy
Welfare Recipient: Evidence from Cash Transfer Programs. *The World
Bank Research Observer*. https://doi.org/10.1093/wbro/lkx002; abgerufen
am 13.07.2020.

49    Ebenda.

50    "The idea that the poor should have leisure has always been shocking to
the rich" [eigene Übers.]. Russel, Bertrand. (1932). In Praise of Idleness.
*Harper's Magazine*. https://harpers.org/archive/1932/10/in-praise-of-
idleness/; abgerufen am 13.07.2020.

51    Ciccarelli, Roberto. (2018). Philippe Van Parijs: 'Basic income is real
freedom for all'. https://www.bin-italia.org/philippe-van-parijs-basic-
income-is-real-freedom-for-all/; abgerufen am 13.07.2020.

52    Power, Robert; Pluess, Michael. (2015). Heritability estimates of the Big
Five personality traits based on common genetic variants. https://doi.
org/10.1038/tp.2015.96; abgerufen am 13.07.2020.

      Jang, Kerry L.; Livesley, W. John; Vemon, Philip A. (1996). Heritability of
the Big Five Personality Dimensions and Their Facets: A Twin Study.
*Journal of Personality*. https://doi.org/10.1111/j.1467-6494.1996.
tb00522.x; abgerufen am 13.07.2020.

53 Cobb-Clark, Deborah A.; Schurer, Stefanie. (2011). The stability of big-five personality traits. *Economics Letters*. https://doi. org/10.1111/j.1467-6494.1996.tb00522.x; abgerufen am 13.07.2020.

54 Landeszentrale für politische Bildung BW. (2020). https://www.lpb-bw. de/regelsatz-hartziv; abgerufen am 17.03.2020.

55 Shildrick, Tracy; et al. (2012). Are 'Cultures of Worklesness' passed down the Generations? *Joseph Rowntree Foundation*. https://research.tees. ac.uk/ws/files/6445722/Publisher_s_PDF.pdf; abgerufen am 13.07.2020.

Shildrick, Tracy. (2018). Poverty Propaganda. Exploring the myths. Bristol, UK: Policy Press.

56 Feagin, Joe R. (1972). Poverty: We Still Believe That God Helps Those Who Help Themselves. *Psychology Today*. http://hdl.handle. net/10822/764308; abgerufen am 13.07.2020.

57 Zucker, Gail S.; Weiner, Bernard. (1993). Conservatism and Perceptions of Poverty. https://doi.org/10.1111/j.1559-1816.1993.tb01014.x; abgerufen am 13.07.2020.

58 Banerjee, Abhijit V.; et al. (2017). Debunking the Stereotype of the Lazy Welfare Recipient: Evidence from Cash Transfer Programs. *The World Bank Research Observer*. https://doi.org/10.1093/wbro/lkx002; abgerufen am 13.07.2020.

59 Prainsack, Barbara; Buyx, Alena. (2018). The value of work: Addressing the future of work through the lens of solidarity. *Bioethics*. 2018 https:// doi.org/10.1111/bioe.12507; abgerufen am 13.07.2020.

## KAP. 5    MENSCH ODER KOSTENFAKTOR?

60 Expatica. (2020). Cost of education in the Netherlands. https://www. expatica.com/nl/moving/about/cost-of-living-in-netherlands-1085103/#Educationcost; abgerufen am 13.07.2020.

61 Bregman, Rutger. (2019). Utopien für Realisten. Leipzig: Rowohlt Verlag. S. 103f.

62 Raworth, Kate. (2012). Want to know how to get beyond GDP? Start here. https://www.kateraworth.com/2012/07/01/want-to-know-how-to-get-beyond-gdp-start-here/; abgerufen am 13.07.2020.

63 Mazzucato, Mariana. (2018). Why we need a new to measure the Economy. *Knowledge@Wharton Podcast*. https://knowledge.wharton. upenn.edu/article/measure-economic-performance/; abgerufen am 13.07.2020.

64 Komlosy, Andrea. (2014). Arbeit. Eine globalhistorische Perspektive. 13. bis 21. Jahrhundert. Wien: Promedia.

65 Conze, Werner. (1972). Arbeit. In: Brunner, Otto; Conze, Werner; Kosel-leck, Reinhart (Hg.). Geschichtliche Grundbegriffe. Stuttgart: Klett-Cotta. S. 154–215.

66 Komlosy, Andrea. (2014). Arbeit. Eine globalhistorische Perspektive 13. bis 21. Jahrhundert. Wien: Promedia. S. 15.

67 Ebenda. S. 9.

68 Voßkühler, Gabriele. (2018). Unbezahlte Arbeit. Welt. https://www.welt. de/print/die_welt/wirtschaft/article172625934/Unbezahlte-Arbeit.html; abgerufen am 13.07.2020.

Hirway, Indira. (2015). Unpaid Work and the Economy: Linkages and Their Implications. www.levyinstitute.org/pubs/wp_838.pdf; abgerufen am 13.07.2020.

69 AMS [Arbeitsmarktservice Österreich]. (2013). Gender und Arbeits-markt. https://www.femtech.at/sites/default/files/Gender_AM_fuer%20 FN_%20aktualisierter%20Endbericht.pdf; abgerufen am 13.07.2020.

70 Georgieva, Kristalina; Alonso, Cristian; Dabla-Norris, Era; Kochhar, Kalpana. (2019). The Economic Cost of Devaluing "Women's Work". https://blogs.imf.org/2019/10/15/the-economic-cost-of-devalu-ing-womens-work/; abgerufen am 13.07.2020.

71 ILO/IAO. (2018). Mehr als 60 Prozent der globalen Erwerbsbevölke-rung arbeiten in der informellen Wirtschaft. https://www.ilo.org/berlin/ presseinformationen/WCMS_627629/lang--de/index.htm; abgerufen am 13.07.2020.

72 Hans-Böckler-Stiftung. (2017). Vier von zehn arbeiten atypisch. Böckler Impuls, Ausgabe 02/2017. https://www.boeckler.de/de/boeckler-impuls-vier-von-zehn-arbeiten-atypisch-3535.htm; abgerufen am 13.07.2020.

73 Austria Presse Agentur. (2018). PWC Studie: Bis 2030 sind 34 Prozent der österreichischen Arbeitsplätze von Automatisierungsprozessen bedroht. Und PWC Deutschland (2018). Warum die Automatisierung den deutschen Arbeitsmarkt besonders hart treffen könnte. https:// skills-use-and-training_2e2f4eea-en;jsessionid=-besonders-hart-tref-fen-koennte.html; abgerufen am 19.07. 2020.

74 McKinsey. (2018). The future of work: Switzerland's digital opportunity. https://www.mckinsey.com/featured-insights/europe/the-future-of-work-switzerlands-digital-opportunity#; abgerufen am 19.7. 2020.

75    OECD. (2018). Automation, Skill use, and Training. https://www.
      oecd-ilibrary.org/employment/automation-skills-use-and-
      training_2e2f4eea-en;jsessionid=iB2ESBbVkrDm54_g3jPOC0jZ.ip-10-
      240-5-96; abgerufen am 19.07.2020.

76    Komlosy, Andrea. (2014). Arbeit. Eine globalhistorische Perspektive.
      13. bis 21. Jahrhundert. Wien: Promedia. S. 13.

77    Ryan, Harriet. (2010). Celebrities hire philanthropy consultants to guide
      their giving. *Los Angeles Times*. https://www.latimes.com/archives/la-
      xpm-2010-nov-14-la-ca-celebrity-charity-20101114-story.html; abgeru-
      fen am 13.07.2020.

      Siehe zum Beispiel: *The Philanthropic Initiative [TPI]*. https.//www.tpi.
      org; abgerufen am 13.07.2020.

78    Graeber, David. (2018). The more valuable your work is to society, the
      less you'll be paid for it. *Linkedin Weekend Essay*. https://www.linkedin.
      com/pulse/more-valuable-your-work-society-less-youll-paid-david-
      graeber/; abgerufen am 13.07.2020.

      Siehe auch: Graeber, David. (2018). Bullshit Job: Vom wahren Sinn der
      Arbeit.

79    Blaschke, Ronald; Praetorius, Ina; Schrupp, Antje (Hg.). (2016). Das
      Bedingungslose Grundeinkommen. Feministische und postpatriarchale
      Perspektiven. Sulzbach/T.: Helmer.

## KAP. 6    GELD FÜR ALLE

Für eine Übersicht siehe auch: https://www.grundeinkommen.de.

80    Kela. (2020). Results of Finland's basic income experiment. https://
      www.kela.fi/web/en/news-archive/-/asset_publisher/lN08GY2nIrZo/
      content/results-of-the-basic-income-experiment-small-employment-
      effects-better-perceived-economic-security-and-mental-wellbeing;
      abgerufen am 13.07.2020.

81    Simpson, Wayne; Mason, Gregory; Godwin, Ryan. (2018). „The
      Manitoba Basic Annual Income Experiment: Lessons Learned 40 Years
      Later". https://doi.org/10.5203/FK2/DAYYI8; abgerufen am 13.07.2020.

82    Cox, David. (2020). Canada's forgotten universal basic income expe-
      riment. *BBC Worklife (Money)*. https://www.bbc.com/worklife/arti-
      cle/20200624-canadas-forgotten-universal-basic-income-experiment;
      abgerufen am 13.07.2020.

83    CBC News. (2010). 1970s Manitoba poverty experiment called a success. *CBC News*, 25.03.2010. https://www.cbc.ca/news/canada/manitoba/1970s-manitoba-poverty-experiment-called-a-success-1.868562; abgerufen am 13.07.2020.

Forget, Evelyn L. (2008). The Town with no Poverty: A history of the North American Guaranteed Annual Income Social Experiments. https://www.revenudebase.info/wp-content/uploads/2012/12/Mincome_2008_Forget.pdf; abgerufen am 13.07.2020.

84    Haridy, Rich. (2020). Canada's cancelled basic income trial produces positive results. *New Atlas*. https://newatlas.com/good-thinking/canada-basic-income-experiment-ontario-report-results/; abgerufen am 13.07.2020.

85    CBC News. (2018). PC's plan to scrap Ontario basic income pilot project called ‚shameful' by NDP leader. *CBC News*. https://www.cbc.ca/news/canada/toronto/lisa-macleod-announcement-1.4768626; abgerufen am 13.07.2020.

86    Hamilton, Leah; Mulvale, James P. (2019). „Human Again": The (Unrealized) Promise of Basic Income in Ontario. *Journal of Poverty*. https://doi.org/10.1080/10875549.2019.1616242; abgerufen am 13.07.2020.

87    Ackerman, Bruce A.; Alstott, Anne (2001). Die Stakeholder-Gesellschaft: ein Modell für mehr Chancengleichheit. Campus-Verlag.

88    Banerjee, Abhijit V.; et al. (2017). Debunking the Stereotype of the Lazy Welfare Recipient: Evidence from Cash Transfer Programs. The World Bank Research Observer. https://doi.org/10.1093/wbro/lkx002; abgerufen am 13.07.2020.

## KAP. 7   KASSASTURZ

89    Walkobinger, Florian; Dreer, Elisabeth; Schneider, Friedrich. (2020). Konsumsteuerfinanziertes BGE in Österreich. JKU, Linz. https://fuereinander.jetzt/sites/default/files/2020%20JKU%20GAW%3A%20Basisstudie%20Konsumsteuer%20Finanziertes%20BGE%20in%20Österreich.pdf; abgerufen am 14.07.2020.

90    Werner, Götz; Lauer, Enrik. (2018). Einkommen für alle. Bedingungsloses Grundeinkommen – die Zeit ist reif. Köln: Kiepenheuer & Witsch. S. 286.

91    In Berlin wären das vor der coronabedingten Mehrwehrsteuersenkung 3,57 Euro gewesen und in Zürich bei einem Mehrwehrtsteuersatz von

7,7 Prozent umgerechnet 3,23 Euro – alles in der Annahme, dass die Produktion des Kaffees vor der Mehrwertsteuer an allen drei Orten gleichviel, nämlich 3 Euro gekostet hat, was natürlich in der Realität nicht der Fall ist.

92 Jahoda Bauer Institut. (2017). Vermögen & Besitz. https://www.verteilung.at/#/vermoegen-besitz; abgerufen am 14.07.2020.

93 Bergmann, Stefan. (2018). In zehn Stufen zum BGE. Hamburg: Books on Demand.

94 Lesenswert auch die Ausführungen des Sozialpolitikexperten Michael Opielka zur Finanzierbarkeit eines „solidarischen Bürgergelds" in Deutschland:

Opielka, Michael. (2008). Grundeinkommen als umfassende Sozialreform – Zur Systematik und Finanzierbarkeit am Beispiel des Vorschlags Solidarisches Bürgergeld. In: Straubhaar, Thomas (Hg.). https://hup.sub.uni-hamburg.de/volltexte/2008/69/chapter/HamburgUP_HWWI_01_Opielka.pdf; abgerufen am 14.07.2020.

95 Straubhaar, Thomas. (2017). Radikal gerecht: Wie das Bedingungslose Grundeinkommen den Sozialstaat revolutioniert. Hamburg: Eduard Körber Stiftung. Straubhaar entwickelte auch einen Online-Grundeinkommensrechner für individuelle Einkommen: http://grundeinkommensrechner.de.

96 Schweizerisches Sozialarchiv. (2016). Bedingungsloses Grundeinkommen: Zentrale Fragen. www.sachdokumentation.ch/bestand/ds/126; abgerufen am 14.07.2020.

97 Kelton, Stephanie. (2020). The Deficit Myth. Modern Monetary Theory and How to build a Better Economy. London: Murray.

98 Handelsblatt. (2016). „EZB wird tun, was immer notwendig ist". https://www.handelsblatt.com/finanzen/geldpolitik/notenbank-chef-mario-draghi-ezb-wird-tun-was-immer-notwendig-ist/13419396.html; abgerufen am 14.07.2020.

99 Schieritz, Mark. (2019). Warren Mosler. „Entweder wir glauben and die Demokratie oder nicht". *Zeit Online*. https://www.zeit.de/wirtschaft/2019-05/warren-mosler-moderne-geldtheorie-steuern-staat/komplettansicht; abgerufen am 14.07.2020.

100 Kelton, Stephanie. (2020). The Deficit Myth. Modern Monetary Theory and How to build a Better Economy.

## KAP. 8   CASH ODER COW?

101   O'Connor, Sarah. (2017). Blackpool. Left behind: can anyone save the towns the economy forgot? *FT Magazine*. https://www.ft.com/blackpool; abgerufen am 13.07.2020.

102   Pometsey, Olive. (2020). Average UK salary: ever wondered how you stack up? *GQ Magazine*. https://www.gq-magazine.co.uk/article/average-uk-salary; abgerufen am 13.07.2020.

103   Anandaciva, Siva. (2019). The deteriorating state of the NHS estate. *The King's Fund Blog*. https://www.kingsfund.org.uk/blog/2019/10/ERIC-data-nhs-estate; abgerufen am 13.07.2020.

104   Coote, Anna; Kasliwal, Pritika; Percy, Andrew. (2019). Universal Basic Services: Theory and Practice. A literature review. *UBS HUB.*)https://ubshub.files.wordpress.com/2019/05/ubs_report_online.pdf; abgerufen am 13.07.2020.

105   Ebenda.

Coote, Anna; Percy, Andrew. (2020). The Case for Universal Basic Services. New York City: Wiley.

Portes, Jonathan; et al. (2017). Social prosperity for the future: A proposal for Universal Basic Services. https://www.ucl.ac.uk/bartlett/igp/sites/bartlett/files/universal_basic_services_-_the_institute_for_global_prosperity_.pdf; abgerufen am 13.07.2020.

106   Ebenda. S. 43.

107   UK Government. (2020). Income Tax Rates and Personal Allowances. https://www.gov.uk/income-tax-rates/previous-tax-years; abgerufen am 13.07.2020.

108   Coote, Anna. (2020). The Case for Universal Basic Services. *New Economics Foundation*. https://neweconomics.org/2020/02/the-case-for-universal-basic-services; abgerufen am 13.07.2020.

109   Denzel, Ralph. (2018). Volkskrankheit Einsamkeit: Warum viele Schaffhauser alleine sind. *Schaffhauser Nachrichten*. https://www.shn.ch/region/kanton/2018-03-02/volkskrankheit-einsamkeit-warum-viele-schaffhauser-alleine-sind; abgerufen am 13.07.2020.

110   Simmank, Jakob. (2018). Einsamkeit – eine tückische Trenddiagnose. *Zeit Online*. https://www.zeit.de/wissen/gesundheit/2018-04/psychologie-einsamkeit-manfred-spitzer-gefuehl-krankheit-alleinsein-isolation/komplettansicht; abgerufen am 13.07.2020.

## KAP. 9    MEHR ALS EINE UTOPIE

111  Döring, Dominik. (2016). Fachkräftemangel in der Hotellerie – Wege
aus der Krise. https://monami.hs-mittweida.de/frontdoor/deliver/
index/docId/7324/file/Druckreif_Thesis_Fachkr%C3%A4ftemangel_
Donnerstag.pdf; abgerufen am 14.07.2020.

112  Bundesministerium für Arbeit und Soziales. (2020). Fachkräfteein-
wanderungsgesetz in Kraft. https://www.bmas.de/DE/Presse/Meldun-
gen/2020/neue-gesetze-fachkraefteeinwanderungsgesetz.html; abgerufen am 14.07.2020.

113  Hurst, Aaron. (2014). The Purpose Economy. Boise: Elevate.

114  In einer repräsentativen Umfrage in Deutschland im Jahr 2016 gaben
nur 5 Prozent der Befragten an, ihre Erwerbsarbeit an den Nagel zu
hängen, wenn sie ein Grundeinkommen von 1.000 Euro pro Monat
erhielten. Allerdings glaubten ganze 22 Prozent, dass die anderen
aufhören würden zu arbeiten: Siehe https://www.koerber-stiftung.de/
fileadmin/user_upload/koerber-stiftung/redaktion/fokusthema_neue-
lebensarbeitszeit/pdf/2016/Ergebnisband_Koerber-Stiftung_forsa-
Umfrage_Arbeit_Rente_unversorgt.pdf; abgerufen am 19.07.2020.

115  Stichwort „Natürliche Arbeitslosigkeit". Bundeszentrale für politische
Bildung. https://www.bpb.de/nachschlagen/lexika/lexikon-der-wirt-
schaft/20216/natuerliche-arbeitslosigkeit; abgerufen am 15.7.2020.

116  Tcherneva, Pavlina R. (2020). The case for. A Job Guarantee. Cambridge:
Polity.

117  Ebenda.

118  Wray, L. Randall; et al. (2018). Guaranteed Jobs through a public
service employment program. *Levy Economics Institute of Bard College,
Policy Note.* www.levyinstitute.org/pubs/pn_18_2.pdf; abgerufen am
14.07.2020.

Ehnts, Dirk; Höfgen, Maurice. (2020). Vollbeschäftigung, Preisstabilität
und sozialgesellschaftlicher Fortschritt – 3. *Makroskop.* https://makro-
skop.eu/2020/01/vollbeschaeftigung-preisstabilitaet-und-sozialgesell-
schaftlicher-fortschritt-3/; abgerufen am 14.07.2020.

119  Prainsack, Barbara; Buyx, Alena (2018). The value of work: Addressing
the future of work through the lens of solidarity. https://doi.org/10.1111/
bioe.12507; abgerufen am 13.07.2020.

120  Raworth, Kate. (2018/2017). Die Donut-Ökonomie. Übers. v. Hans
Freundl und Sigrid Schmid.

121    Wintour, Patrick. (2020). Coronavirus: who will be winners and losers in new world order? *The Guardian*. https://www.theguardian.com/world/2020/apr/11/coronavirus-who-will-be-winners-and-losers-in-new-world-order; abgerufen am 14.07.2020.

122    Eine vollständige Übersicht über die insgesamt sieben Elemente, die die neue Normalität nach der COVID-19-Krise beinhalten soll, findet sich hier: https://medium.com/@hendrik.wagenaar/the-new-normal-the-world-after-covid-19-201189e22545.

123    Pettifor, Ann. (2020). Green New Deal. Warum wir können, was wir tun müssen. Übers. v. Ursel Schäfer.

124    Pettifor, Ann. (2018). Die Produktion des Geldes. Ein Plädoyer wider die Macht der Banken. Übers. v. Ursel Schäfer. Hamburg: Hamburger Edition.

125    Bergmann, Stefan. (2018). In zehn Stufen zum BGE. Books on Demand.

126    Bregman, Rutger. (2019). Utopien für Realisten. Leipzig: Rowohlt.

127    Blaschke, Ronald. (2017). Modelle für ein bedingungsloses Grundeinkommen (BGE). https://www.grundeinkommen.de/wp-content/uploads/2017/12/17-10-%C3%9Cbersicht-Modelle.pdf; abgerufen am 14.07.2020.

128    Brown, Marilyn A.; Ahmadi, Majid. (2019). Would a Green New Deal Add or Kill Jobs? *Scientific American*. https://www.scientificamerican.com/article/would-a-green-new-deal-add-or-kill-jobs1/; abgerufen am 14.04.2020.

129    Bundesministerium für Soziales, Gesundheit, Pflege und Konsumentenschutz. (2020). Selbstversicherung in der Krankenversicherung. https://www.oesterreich.gv.at/themen/gesundheit_und_notfaelle/selbstversicherung_in_der_krankenversicherung.html; abgerufen am 14.04.2020.

       Wirtschaftskammer (WKO). (2020). Zusatzbeitrag für die Mitversicherung von Angehörigen. https://www.wko.at/service/arbeitsrecht-sozialrecht/Zusatzbeitrag_fuer_die_Mitversicherung_von_Angehoerigen.html; abgerufen am 14.04.2020.

# DANK

Ich danke den Menschen, die mir durch Gespräche und Feedback beim Verfassen dieses Buches zur Seite standen: Meinem Mann Hendrik Wagenaar sowie zahlreichen Freunden und Kollegen: Barbara Blaha, Matthias Braun, Mick Chisnall, Gerald Loacker, Fabian Kalleitner, Helmo Pape, Isabella Radhuber, Paul Sengmüller, Lukas Schlögl, Marjo Rauhala, Friedrich Schneider, Karl Ucakar, Gerd Valchars, Florian Wakolbinger und den Teilnehmern meines Seminars zum bedingungslosen Grundeinkommen im Wintersemester 2019/21 (der „Schnitzeltausender-Kohorte").

Ebenso danke ich all jenen Personen, die mir als Betroffene über ihre Situation Auskunft gaben und die anonym bleiben wollten (manche ihrer Geschichten bilden die Vignetten im Eingangsteil der einzelnen Kapitel; in einigen wurde nur der Name verändert; andere wurden als Mosaike aus Gesprächen mit verschiedenen Personen zusammengesetzt).

Christoph Singelmann und Pascal Kober danke ich für die Erlaubnis, Teile eines Gesprächs zwischen den beiden zu zitieren. Elias Weiss danke ich für seine Hilfe bei Recherchearbeiten und der Erstellung des Manuskripts. Danke an die Mitarbeiter des Brandstätter-Verlags für die fantastische Zusammenarbeit – ganz besonders Cheflektor Stefan Schlögl, ohne den es dieses Buch wohl nicht gäbe.

· · · · ·

**Barbara Prainsack** ist Professorin
am Institut für Politikwissenschaft
der Universität Wien, davor lehrte
sie am King's College London. Die
international ausgewiesene Expertin
für Gesundheits-, Wissenschafts- und
Technologiepolitik berät die Europäische Kommission zur Ethik neuer
Technologien und ist u. a. Mitglied der
Academia Europaea.

© Gregor Hofbauer

. . . . .

Liebe Leserin, lieber Leser!
Hat Ihnen dieses Buch gefallen?
Wollen Sie weitere Informationen zum Thema?
Möchten Sie mit der Autorin in Kontakt treten?
Wir freuen uns auf Austausch und Anregung!

Christian Brandstätter Verlag GmbH & Co KG
Wickenburggasse 26
1080 Wien
E-Mail: **leserbrief@brandstaetterverlag.com**
Tel: (0043) 1 5121543256

**Wir sagen Danke.**
**Bleiben wir in Verbindung!**

Lassen Sie sich inspirieren!
Gute Geschichten, schöne Geschenkideen auf
**www.brandstaetterverlag.com**

**TEILEN MACHT GLÜCKLICH**
**facebook.com/Brandstaetter.Verlag**

1. **Auflage**
Alle Rechte vorbehalten
Copyright © 2020 by Christian Brandstätter Verlag, Wien

Designed in Austria, printed in the EU.

ISBN 978-3-7106-0464-5

Covergestaltung: Caroline Plank-Bachselten
Satz: Burghard List
Lektorat und Projektleitung: Stefan Schlögl

ALASKA

KANADA

VEREINIGTE
STAATEN

VIENNA, VIRGINIA

HOUSTON, TEXAS ------●

MEXIKO ------●

HONDURAS ------●

NICARAGUA

PHILIPPINEN

INDONESIEN

AUSTRALIEN